초등학교 입학 전
공부의 기초를 닦아주세요!

국어뿐만 아니라 다른 과목을 공부하는 데 있어 가장 기초가 되는 것은 글을 읽고 내용을 파악하는 힘입니다. 학교에서 배우는 모든 과목은 알다시피 우리말의 낱말과 문장으로 이루어져 있습니다. 따라서 글을 읽고 내용을 이해하는 데 어려움이 없다면 아무리 배경 지식이 없는 낯선 내용이라도 충분히 글의 내용을 자신의 것으로 정리해 낼 수 있습니다.

글을 읽고 내용을 파악하는 데 핵심이 되는 능력은 어휘력과 독해력입니다. 그리고 어휘력과 독해력을 키우는 데 가장 좋은 것은 무엇보다도 꾸준한 독서 습관입니다. 평소에 책 읽기를 좋아하고 여러 분야의 책을 많이 읽은 아이라면 어휘력과 독해력이 다른 아이에 비해 부족함이 없을 것입니다.

하지만 절대적인 독서량이 부족하고 책을 읽더라도 정독하지 못하고 글의 내용이나 주제를 파악하는 데 서툰 아이라면 독서 방법이나 습관을 개선하기 위한 별도의 교육이 필요합니다. 가장 효과적인 교육 방법은 부모님이 아이에게 책을 읽어 주는 것입니다. 책 읽어 주기는 아이 스스로 책에 대한 거부감을 없애고 책을 좋아하게 만들기 위해 부모가 해야 할 기본적인 역할입니다.

책 읽어 주기와 더불어 짧은 글을 읽고 글의 내용을 파악하는 훈련을 지속적으로 해 주세요. 이것은 정독 습관을 길러주기 위한 것으로, 주어진 문제를 해결하기 위해서는 짧은 글이라도 꼼꼼하게 읽어야 한다는 것을 아이가 깨닫도록 하기 위함입니다. 예비초등 공습국어를 활용하면 이 훈련을 효과적으로 진행하는데 많은 도움이 될 것입니다.

이렇게 책을 좋아하고 정독하는 습관을 갖게 된다면 아이의 어휘력과 독해력은 점점 탄탄해질 것입니다. 특히 초등 입학 전부터 어휘력과 독해력을 착실하게 다져 놓는다면 학교 공부를 따라가는 데 큰 부담을 덜 수 있을 뿐 아니라 실력면에서도 한 발 더 앞서나가는 아이가 될 것입니다.

예비초등 공습국어의 특징

하나 흥미롭고 유익한 글감이 가득!

우리 주변의 소소한 일상에서부터 알쏭달쏭 신기한 자연 현상에 이르기까지 아이들이 알아 두면 좋을 여러 가지 이야기를 아기자기한 그림과 함께 수록하였습니다. 또한 같은 주제에 해당하는 글들을 동화, 동요, 일기, 편지, 설명문 등 다양한 형식으로 구성하여 갈래별로 글의 특징을 맛볼 수 있도록 했습니다.

둘 미리 체험해보는 초등 1, 2학년!

각 마당별 글감들은 초등 1~2학년 교과인 바른 생활, 슬기로운 생활, 즐거운 생활 영역의 활동 주제들로 구성하였습니다. 이를 통해 취학 전에 1~2학년 교과 주제와 관련된 내용을 미리 체험할 수 있습니다.

셋 어휘와 독해 훈련을 한번에!

초등용 공습국어가 어휘와 독해로 나누어져 있다면 예비초등 공습국어는 어휘와 독해를 한 교재 안에서 공부할 수 있도록 구성했습니다. 이를 통해 어휘와 독해 어느 한쪽에 치우치지 않고 고르게 학습할 수 있습니다.

넷 학습 지도를 위한 문제 풀이 및 해설!

교재에 들어 있는 별도의 정답지를 통해 문제에 대한 해설과 문제 풀이를 위한 학습 지도 요령을 확인할 수 있습니다. 집에서 아이와 교재 학습을 진행할 때 참고하면 많은 도움이 될 것입니다.

부모님께서는 이렇게 도와주세요!

하나 아이와 함께 하는 것이 무엇보다 중요합니다.

취학 전 아동의 경우 글을 읽거나 문제 풀이 활동이 익숙하지 않으므로, 혼자서 교재를 보고 공부하는 것이 쉽지 않습니다. 특히 본 교재는 글 읽기가 중요합니다. 독서 경험이 풍부한 아이라면 큰 어려움이 없겠지만 대부분 아이들은 글 읽기가 아직은 서툴고 어렵습니다. 따라서 부모님께서 교재에 나와 있는 지문이나 문제를 아이에게 직접 읽어 주시는 것이 좋습니다. 그런 다음 아이도 소리 내어 글을 읽을 수 있도록 지도해 주시기 바랍니다. 문제를 풀 때도 정답에 제시된 문제 풀이 방법과 지도 방법을 참조하여 아이와 서로 이야기하는 것이 학습 효과를 높이는 데 많은 도움이 됩니다.

둘 꾸준함이 좋은 공부 습관을 만듭니다.

어휘력과 독해력은 글을 읽을 때 정확하고 꼼꼼하게 읽는 정독 습관을 통해 형성됩니다. 이 말은 바꿔 이야기하면 정독 습관이 제대로 형성되지 않으면 어휘력과 독해력을 향상시키기가 쉽지 않다는 것입니다. 습관을 들이기 위해서는 꾸준하고 지속적인 훈련이 필요합니다. 따라서 본 교재를 볼 때 매일 1차시 정도의 분량을 꾸준히 학습할 수 있게 지도해 주시기 바랍니다.

셋 천천히 여유를 가지고 지켜봐 주세요.

아이와 문제를 풀다보면 방금 읽은 내용인데도 잊어버리고 헤매는 경우를 많이 경험해 보았을 것입니다. 그런 경우 답답하다고 아이를 다그치거나 좋지 못한 소리를 하면 아이들은 위축되고 스트레스를 받아 오히려 학습 의욕이 떨어지게 됩니다. 읽은 글의 내용이 잘 생각나지 않으면 다시 천천히 꼼꼼하게 읽어 보게 하세요. 그리고 시간에 쫓기 듯 문제를 풀게 하지 마시고 아이에게 충분히 생각할 시간을 주고 스스로 문제를 해결할 수 있도록 여유를 가지고 지켜봐 주세요.

넷 책 읽기가 어휘력과 독해력의 기본임을 잊지 마세요.

공습국어를 통해서 다양한 주제를 가진 여러 갈래의 글들을 접할 수 있고, 문제 풀이를 통해 어휘력과 독해력을 키울 수 있지만, 어휘력과 독해력의 기본은 다양하고 풍부한 독서 체험입니다. 교재 학습은 보조적 수단입니다. 궁극적으로는 아이가 책을 좋아하도록 만들어야 합니다. 아이가 흥미를 가질 만한 내용이 담긴 책을 부모님께서 꾸준히 읽어주고 책의 내용에 대해 자유롭게 대화를 나눠 보세요. 아이와 책이 가까워지는 데 많은 도움이 될 것입니다.

마당과 차시 구성 미리 보기

예비초등 공습국어는 한 마당이 다섯 개의 차시로 구성되어 있어 하루에 한 차시씩 학습할 때 1주일 정도가 소요됩니다. 따라서 매일 한 차시씩 꾸준히 진도를 나갈 경우 3주면 1권을 마무리할 수 있습니다.

부모님께

이번 마당에 나오는 글들이 초등 1~2학년 과목에서 어떤 주제에 해당하는지 소개하고 학습 지도 방법을 설명합니다.

마당 길잡이

이번 마당의 교과 영역과 각 차시별 글의 갈래와 내용, 그리고 글을 읽는 방법을 보여 줍니다. 처음 마당을 시작할 때 이곳을 통해 마당의 전체적인 내용을 확인하세요.

글을 읽어요

각 차시별로 문제를 풀기 위해 읽어야 할 글입니다. 부모님께서 먼저 읽어주시고, 그 다음 아이가 소리 내어 읽게 해 주세요. 그리고 읽을 때는 글의 내용을 생각하며 천천히 꼼꼼하게 읽어야 합니다.

낱말 쏙쏙

글에 나온 낱말 중 아이들이 조금 어려워할 만한 낱말이나 소리나 모양 등을 흉내 내는 낱말의 뜻을 풀어서 설명합니다.

독해 연습

독해 문제를 풀어봅니다. 세부 내용과 전체 내용에 대해 얼마나 잘 파악하고 있는지, 그리고 글의 주제에 대해 잘 이해하고 있는지 등을 물어봅니다.

어휘 연습

어휘 문제를 풀어봅니다. 낱말의 사전적 의미, 낱말과 낱말 사이의 관계, 문장 안에서 낱말의 쓰임 등과 같은 다양한 어휘 문제를 접할 수 있습니다.

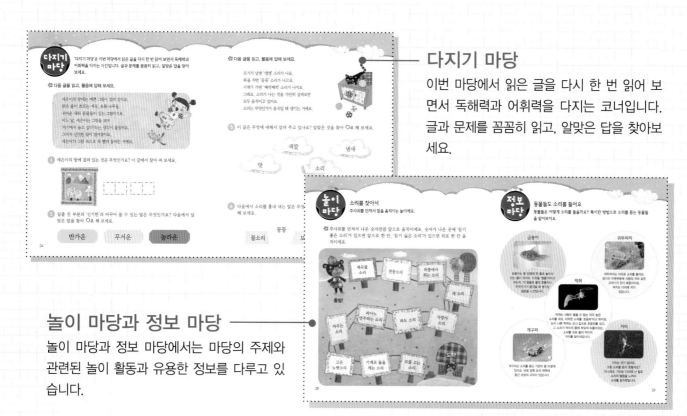

다지기 마당

이번 마당에서 읽은 글을 다시 한 번 읽어 보면서 독해력과 어휘력을 다지는 코너입니다. 글과 문제를 꼼꼼히 읽고, 알맞은 답을 찾아보세요.

놀이 마당과 정보 마당

놀이 마당과 정보 마당에서는 마당의 주제와 관련된 놀이 활동과 유용한 정보를 다루고 있습니다.

권별 구성과 교과 연계 보기

예비초등 공습국어의 각 마당은 초등 1~2학년 교과인 바른 생활, 슬기로운 생활, 즐거운 생활의 주제와 서로 연관이 되어 있습니다. 초등 교과목과의 연계를 통해 아이들은 미리 학교에서 배우게 될 내용들을 간접적으로 체험할 수 있습니다.

권	마당	제목	과목	주제
1권	첫째 마당	신 나는 동요	즐거운 생활	동요를 부르는 즐거움
	둘째 마당	화목한 가족	슬기로운 생활	가족 구성원과 가족의 소중함
	셋째 마당	올바른 생활 습관	바른 생활	생활 습관의 중요성
2권	첫째 마당	알록달록 색깔	즐거운 생활	색깔의 종류와 다양한 느낌
	둘째 마당	소중한 친구	바른 생활	바람직한 친구 관계
	셋째 마당	정다운 우리 마을	슬기로운 생활	우리 마을과 함께 사는 이웃
3권	첫째 마당	즐거운 운동과 놀이	즐거운 생활	여러 가지 놀이와 운동
	둘째 마당	다 함께 지켜요	바른 생활	공공장소에서의 바른 행동
	셋째 마당	신기한 우리 몸	슬기로운 생활	우리 몸에서 일어나는 현상
4권	첫째 마당	정다운 인사	바른 생활	상황에 알맞은 인사법
	둘째 마당	흥겨운 악기	즐거운 생활	음악의 여러 요소와 악기
	셋째 마당	와글와글 시장	슬기로운 생활	가게와 물건의 필요성
5권	첫째 마당	재미있는 연극과 흥겨운 춤	즐거운 생활	다양한 놀이와 느낌의 표현
	둘째 마당	자랑스러운 우리나라	바른 생활	우리나라를 상징하는 것
	셋째 마당	계절과 생활	슬기로운 생활	사계절 속 사람과 동식물의 생활
6권	첫째 마당	낮과 밤	슬기로운 생활	낮과 밤의 변화와 하루 일과
	둘째 마당	흥겨운 민속놀이	즐거운 생활	민속놀이의 즐거움과 조상의 삶
	셋째 마당	아름다운 환경	바른 생활	환경의 중요성과 실천 방법
7권	첫째 마당	왁자지껄 소리	즐거운 생활	소리의 구별과 표현
	둘째 마당	동식물은 내 친구	슬기로운 생활	동식물 기르기와 생명 존중의 마음
	셋째 마당	재미있는 숫자	수학	숫자와 수의 순서

차례

첫째 마당

왁자지껄 소리

둘째 마당

동식물은 내 친구

셋째 마당

재미있는 숫자

첫째 마당

왁자지껄 소리

"첫째 마당에서는 소리에 대한 여러 가지 글을 읽어
볼 거예요.
소리가 없는 세상은 어떨까 상상해 보기도 하고, 소
리가 어떻게 나는 것인지도 알아보아요.
또, 듣기 싫은 소리와 듣기 좋은 소리에 대해서도
생각해 보아요.
주어진 글을 모두 읽고 나면 주변에서 나는 소리에
대해 더 관심을 갖게 될 거예요."

부모님께

첫째 마당에서 다루고 있는 '왁자지껄 소리'는 초
등 2학년 2학기 즐거운 생활 영역 5단원과 연관
되어 있습니다. 이 단원에서는 소리 구별하기, 여
러 가지 방법으로 가을 소리 나타내기, 음악 소리
를 몸이나 도구로 표현하기 등의 활동을 합니다.
소리는 우리 생활과 매우 밀접한 주제입니다. 교
재 학습과 더불어 아이들과 함께 주변에서 나는
여러 가지 소리를 찾아보고, 들은 소리를 말이나
몸으로 표현해 볼 수 있도록 지도해 주세요.

마당길잡이

교과영역	바른 생활	슬기로운 생활	✔ 즐거운 생활

순서	글감 제목	글감 내용	이렇게 읽어요
첫째 날	그림 속 세상 (이야기)	그림 속 세상으로 간 세은이의 이야기를 통해 소리가 없는 세상을 상상해 보아요.	어떤 일이 일어났는지 잘 살펴보며 읽어요.
둘째 날	움직이는 소리 (설명하는 글)	우리 귀에 들리는 여러 가지 소리가 어떻게 나는 것인지 알아보아요.	중요한 내용을 정리하며 읽어요.
셋째 날	이 소리는 싫어요! (이야기)	라임이의 이야기를 통해 듣기 싫은 소리에 대해 알아보아요.	글쓴이의 생각을 이해하며 읽어요.
넷째 날	'어린이 난타'를 보고 (공연 감상문)	난타 공연을 통해 소리들이 모여서 어떤 즐거움을 주는지 알아보아요.	글쓴이의 경험을 떠올리며 읽어요.
다섯째 날	다지기 마당	앞에서 공부한 내용을 다시 한 번 확인해 보아요.	
	놀이 마당	주사위 놀이를 통해 듣기 좋은 소리와 듣기 싫은 소리에 대해 알아보아요.	
	정보 마당	동물들은 어떻게 소리를 듣는지 알아보아요.	

그림 속 세상

세은이의 방에는 예쁜 그림이 걸려 있어요.

맑은 물이 흐르는 **계곡**, 초록 나무들,

귀여운 새와 동물들이 있는 그림이지요.

어느 날, 세은이는 그림을 보며

'저기에서 놀고 싶다!'라는 생각이 들었어요.

그러자 신기한 일이 벌어졌어요.

세은이가 그림 속으로

쏙 빨려 들어간 거예요.

낱말쏙쏙

🌸 **계곡**

산에서 물이 흐르는
골짜기를 말해요.

10

세은이는 꽃사슴도 만져 보고,
토끼와 다람쥐도 잡으러 뛰어다녔어요.
그런데 뭔가 이상했어요.
그래요. 소리가 없었어요. 아무 소리도요!
물이 흘러가는 소리도, 나뭇잎이 흔들리는 소리도,
새와 동물들의 소리도 들리지 않았어요.
발장구를 쳐 봐도 첨벙첨벙하는 소리가 나지 않았지요.
갑자기 모든 것이 재미없어지고, 가슴이 답답해졌어요.
세은이는 소리가 있는 세상으로 돌아가고 싶었답니다.

낱말쏙쏙
❀ 발장구
두 발을 위로 들었다 놓았다
하는 짓을 말해요.

11

1 세은이 방에는 어떤 그림이 걸려 있나요? 알맞은 그림을 찾아 (　　　) 안에 〇표 해 보세요.

(　　　)　　　　　　　　　(　　　)

2 그림을 보고 있던 세은이에게 어떤 일이 일어났나요? 바르게 말한 것을 찾아 〇 안에 색칠해 보세요.

그림이 세은이 머리 위로 떨어졌어요. 〇

세은이가 그림 속 세상으로 들어갔어요. 〇

그림 속 동물들이 세은이 방으로 나왔어요. 〇

3 세은이가 들어간 그림 속 세상은 어떠했나요? 바르게 말한 친구를 찾아 ( ) 안에 ◯표 해 보세요.

모든 것이
초록색이었어요.

( )

어떤 소리도
들리지 않았어요.

( )

동물들이 사람처럼
말을 했어요.

( )

4 세은이는 소리가 없다는 것을 알고 어떤 생각이 들었나요? 알맞은 것을 찾아 ◯표 해 보세요.

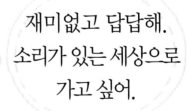

소리가 없으니까
정말 재미있어.

재미없고 답답해.
소리가 있는 세상으로
가고 싶어.

조용해서 너무 좋아.
계속 여기서
살고 싶어.

낱말의 뜻을 생각하면서 문제를 풀어 보세요.

꾸며 주는 말 익히기

1 다음 그림을 보고, 알맞은 말을 찾아 색칠해 보세요.

헌

새
집

맑은

더러운
물

소리를 흉내 내는 말 익히기

2 다음 그림을 보고, 어울리는 소리를 찾아 ○표 해 보세요.

콸콸   쿨쿨

새근새근   첨벙첨벙

'에'와 '에서' 구별하기

3 '에'와 '에서' 가운데 알맞은 말을 골라 색칠해 보세요.

벽
에
에서
그림을 걸어요.

강
에
에서
고기를 잡아요.

'싶어요'가 들어간 문장 익히기

4 보기 와 같이 주어진 문장을 고쳐 써 보세요.

보기　잠을 자요.　➡　잠을 　자고 싶어요.

집에 가요.　➡　집에 　　　　　　　.

친구와 놀아요.　➡　친구와 　　　　　　　.

둘째날
글을 읽어요

움직이는 소리

모기가 날면 '앵앵' 소리가 나요.
북을 치면 '둥둥' 소리가 나고요.
시계가 가면 '째깍째깍' 소리가 나지요.
그래요, 소리가 나는 것을 가만히 살펴보면
모두 움직이고 있어요.
소리는 무엇인가가 움직일 때 생기는 거예요.

사람의 목소리도 목청이 떨릴 때 나는 것이지요.
목청이 떨리거나 무엇인가가 움직이면
주위의 공기도 아주 빠르게 움직여요.
그 움직임이 퍼져서 우리 귀에 닿으면
소리를 듣게 되는 거예요.
공기뿐만 아니라 물이나 흙, 실,
나무 등도 소리를 전해 준답니다.

자, 이제부터는 소리가 들리면 귀만 쫑긋 세우지 말고,
눈을 크게 뜨고 움직임을 살펴보세요.

낱말쏙쏙
❀목청
목소리를 내는 곳을 말해요.

17

글의 내용을 생각하면서 문제를 풀어 보세요.

1 다음 그림을 보고, 소리가 나는 경우를 모두 찾아 (　　　　) 안에 ◯표 해 보세요.

(　　　　)　　　　(　　　　)

(　　　　)　　　　(　　　　)

2 소리를 전해 주는 것에는 어떤 것이 있나요? 알맞은 것을 모두 찾아 색칠 해 보세요.

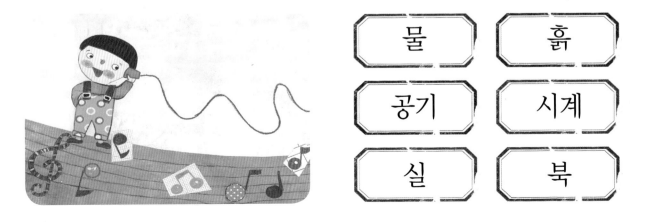

물	흙
공기	시계
실	북

3 다음 그림과 글을 보고, 소리가 나서 들리기까지의 과정을 차례에 맞게 ◯ 안에 번호를 쓰세요.

귀에 소리가 들려요.

목청이 떨려요.

주위의 공기가
빠르게 움직여요.

4 이 글을 읽고, 알게 된 사실은 무엇인가요? 바르게 말한 것을 모두 찾아 ( ) 안에 ◯표 해 보세요.

소리에도 색깔이 있어요. ( )

소리는 무엇인가가 움직일 때 생겨요. ( )

공기, 물, 흙과 같은 것이 소리를 전해 주어요. ( )

낱말의 뜻을 생각하면서 문제를 풀어 보세요.

추상적인 낱말 익히기

1 다음 그림을 보고, '스스로 움직이는' 것을 모두 찾아 ◯표 해 보세요.

소리를 흉내 내는 말 익히기

2 다음 그림을 보고, 보기 에서 알맞은 소리를 찾아 써 보세요.

보기   앵앵   둥둥   째각째각   보글보글

20

알맞은 문장 만들기

3 알맞은 문장이 되도록 줄로 연결해 보세요.

● 귀를

쫑긋 ·

· 떠요.

● 눈을

동그랗게 ·

· 세워요.

'안'과 '못' 구별하기

4 다음 그림을 보고, '안'과 '못' 가운데 알맞은 말을 골라 색칠해 보세요.

노랫소리를 안 / 못 들어요.

다리를 안 / 못 움직여요.

이 소리는 싫어요!

"엄마, 유치원에서 소리에 대해 공부했어요."

"그래? 어떤 소리에 대해 배웠는데?"

"음, 뻐꾸기 소리, 피아노 소리, 자장가 소리……"

"그렇구나. 모두 듣기 좋은 소리네."

"그럼 듣기 싫은 소리도 있어요?"

"물론이지. 라임이가 한번 잘 생각해 보렴.

평소에 어떤 소리를 들으면 기분이 안 좋았니?"

"글쎄요? 아, 생각났다!

길에서 자동차가 빵빵대는 소리는 듣기 싫어요.

또 있어요. **천둥** 치는 소리도 듣기 싫고,
위층에서 쿵쿵거리는 소리도 듣기 싫어요."
라임이는 쉴 새 없이 말했어요.
"맞아. 그렇게 듣기 싫은 소리를 '소음'이라고 하지."
"힝, 유치원에서는 듣기 좋은 소리만 생각했는데……"
"라임아, 우리가 듣기 좋은 소리만 만들려고 노력하면 돼."
"맞아요, 엄마. 앞으로는 아빠랑 싸우지도 말고,
저를 혼내지도 말아 주세요.
그런 소리는 정말 정말 듣기 싫거든요."

> 낱말쏙쏙
> 🌸 **천둥**
> 많은 비가 내릴 때 하늘에서 불빛이 번쩍하며 울리는 커다란 소리.

글의 내용을 생각하면서 문제를 풀어 보세요.

1 라임이는 유치원에서 무엇에 대하여 공부하였나요? 바르게 말한 친구를 찾아 (　　　) 안에 ○표 해 보세요.

그림에 대해 공부하였어요.	소리에 대해 공부하였어요.	동물에 대해 공부하였어요.
(　　　)	(　　　)	(　　　)

2 라임이가 듣기 싫은 소리라고 말한 것은 무엇무엇인가요? 모두 찾아 ○표 해 보세요.

3 라임이가 엄마에게 부탁한 것은 무엇인가요? 바르게 말한 것을 모두 찾아 색칠해 보세요.

아빠랑 싸우지 마세요.

노래를 부르지 마세요.

저를 혼내지 마세요.

4 이 글을 읽고, 알게 된 사실은 무엇인가요? 바르게 말한 것을 모두 찾아 ( ) 안에 O표 해 보세요.

세상에는 듣기 좋은 소리만 있어요. ( )

듣기 싫은 소리를 '소음'이라고 해요. ( )

듣기 좋은 소리는 우리가 만드는 것이에요. ( )

낱말의 뜻을 생각하면서 문제를 풀어 보세요.

반대말 익히기

I 다음 그림 속 낱말과 반대되는 뜻을 가진 낱말은 무엇인가요? 알맞은 낱말을 찾아 색칠해 보세요.

배워요

공부해요

가르쳐요

생각해요

낱말의 뜻 익히기

2 다음 낱말과 관련 있는 그림을 찾아 모두 ◯표 해 보세요.

소음

알맞은 문장 고르기

3 다음 그림과 어울리는 문장을 찾아 바르게 연결해 보세요.

자동차가
빵빵거려요.

아이들이
쿵쿵거려요.

내용에 어울리는 낱말 고르기

4 다음 그림을 보고, 보기 에서 가장 알맞은 말을 찾아 써 보세요.

듣기 ┌──┬──┐ 소리예요.

듣기 ┌──┬──┐ 소리예요.

보기　　아픈　　좋은　　슬픈　　싫은

'어린이 난타'를 보고

엄마랑 누나랑 '어린이 난타'를 보았어요.
공연을 보기 전에 '난타'가 무엇인지 궁금해서
엄마에게 여쭈어 보았어요.
"두들겨서 소리를 내는 것이란다."
엄마의 대답을 듣고 나는 속으로 생각했어요.
'두들겨서 소리를 내면 시끄럽지 않을까?'

낱말쏙쏙

🌸**공연**
연극, 음악, 춤 같은 재주를
구경꾼 앞에서 해 보이는
것을 말해요.

28

드디어 '어린이 난타'가 시작되었어요.
무대로 나온 요리사들은 음식을 만들기 위해서
음식 재료도 준비하고, 청소도 했어요.
그런데 정말 신기한 일이 벌어졌어요.
음식을 만들 때 사용하는 냄비와 국자,
도마와 주걱 등을 박자에 맞추어 두들기니
멋진 음악을 연주하는 악기가 된 거예요.
두들겨서 소리를 내면 시끄러울 줄 알았는데
함께 어울려서 멋진 음악이 되다니 정말 놀라웠어요.

낱말쏙쏙
🌸도마
칼로 음식 재료를 다질 때
밑에 받치는 것을 말해요.

글의 내용을 생각하면서 문제를 풀어 보세요.

1 '나'는 무엇을 보고 왔나요? 알맞은 그림을 찾아 (   ) 안에 ◯표 해 보세요.

(   )   (   )

2 '어린이 난타'는 어떤 공연인가요? 바르게 말한 것을 찾아 ◌ 안에 색을 칠해 보세요.

> 마법사가 마술을 부리는 공연   ◌

> 여러 가지 요리의 종류를 보여 주는 공연   ◌

> 네 명의 요리사가 멋진 음악을 연주하는 공연   ◌

3 '어린이 난타'에서 음악을 만들기 위해 사용한 것은 무엇인가요? 알맞은 그림을 모두 찾아 ○표 해 보세요.

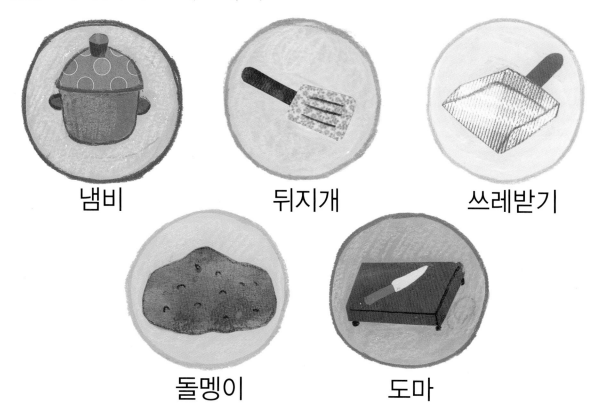

냄비   뒤지개   쓰레받기

돌멩이   도마

4 '나'가 '어린이 난타'를 보고, 느낀 점은 무엇인가요? 바르게 말한 것을 찾아 색칠해 보세요.

두들겨서 소리를 내면
정말 시끄럽구나.

두들겨서 소리를 내어도 함께
어울리면 멋진 음악이 되는구나.

세상에 있는 모든 것은
악기가 될 수 있구나.

낱말의 뜻을 생각하면서 문제를 풀어 보세요.

1 다음 낱말을 쓸 수 있는 상황을 찾아 ◯표 해 보세요.

두들기다

2 사람을 셀 때 쓰는 말을 바르게 말한 친구는 누구인지 ◯표 해 보세요.

'개'라고 세어요.	'명'이라고 세어요.	'마리'라고 세어요.
( )	( )	( )

연관되는 낱말 익히기

3 '부엌'에서 쓰는 도구에 해당하는 낱말을 모두 찾아 ○표 해 보세요.

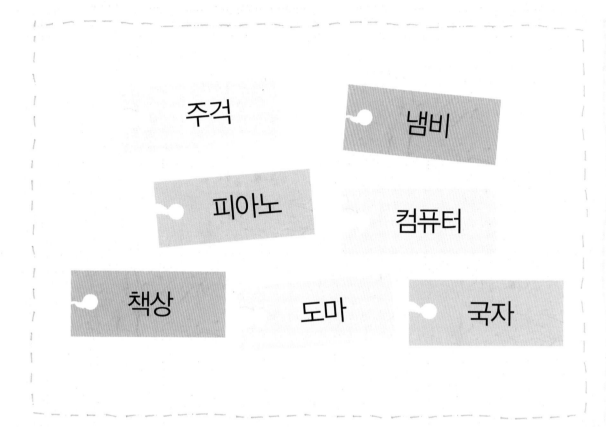

주걱 냄비 피아노 컴퓨터 책상 도마 국자

문장 형식에 맞게 낱말 배열하기

4 주어진 낱말들을 순서대로 써 넣어 한 문장을 만들어 보세요.

나도   나왔어요.   모르게   박수가

| 나도 | | | |

다지기 마당

'다지기 마당'은 이번 마당에서 읽은 글을 다시 한 번 읽어 보면서 독해력과 어휘력을 다지는 시간입니다. 글과 문제를 꼼꼼히 읽고, 알맞은 답을 찾아 보세요.

✿ 다음 글을 읽고, 물음에 답해 보세요.

세은이의 방에는 예쁜 그림이 걸려 있어요.
맑은 물이 흐르는 계곡, 초록 나무들,
귀여운 새와 동물들이 있는 그림이지요.
어느 날, 세은이는 그림을 보며
'저기에서 놀고 싶다!'라는 생각이 들었어요.
그러자 신기한 일이 벌어졌어요.
세은이가 그림 속으로 쏙 빨려 들어간 거예요.

① 세은이의 방에 걸려 있는 것은 무엇인가요? 이 글에서 찾아 써 보세요.

☐ ☐ ☐ ☐

② 밑줄 친 부분의 '신기한'과 바꾸어 쓸 수 있는 말은 무엇인가요? 다음에서 알맞은 말을 찾아 ○표 해 보세요.

반가운	무서운	놀라운

✿ 다음 글을 읽고, 물음에 답해 보세요.

모기가 날면 '앵앵' 소리가 나요.
북을 치면 '둥둥' 소리가 나고요.
시계가 가면 '째깍째깍' 소리가 나지요.
그래요, 소리가 나는 것을 가만히 살펴보면
모두 움직이고 있어요.
소리는 무엇인가가 움직일 때 생기는 거예요.

3 이 글은 무엇에 대해서 알려 주고 있나요? 알맞은 것을 찾아 ◯표 해 보세요.

색깔

냄새

맛

소리

4 다음에서 소리를 흉내 내는 말은 무엇인가요? 알맞은 것을 모두 찾아 ◯표
해 보세요.

둥둥

앵앵

물소리

모기

째깍째깍

35

✿ 다음 글을 읽고, 물음에 답해 보세요.

"글쎄요? 아, 생각났다!
길에서 자동차가 빵빵대는 소리는 듣기 싫어요.
또 있어요. 천둥 치는 소리도 듣기 싫고,
위층에서 쿵쿵거리는 소리도 듣기 싫어요."
라임이는 쉴 새 없이 말했어요.
"맞아. 그렇게 듣기 싫은 소리를 '소음'이라고 하지."

5 라임이가 듣기 싫어하는 소리는 무엇인가요? 바르게 말한 친구를 모두 찾아 (　　　) 안에 ◯표 해 보세요.

| 엄마 목소리를 싫어해요. | 천둥 치는 소리를 싫어해요. | 자동차가 빵빵대는 소리를 싫어해요. |

(　　　　)　　　　(　　　　)　　　　(　　　　)

6 '듣기 싫은 소리'를 무엇이라고 하나요? 알맞은 낱말을 찾아 색칠해 보세요.

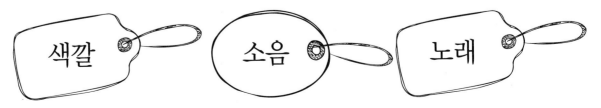

색깔　　　　소음　　　　노래

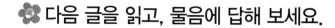

🌸 다음 글을 읽고, 물음에 답해 보세요.

무대로 나온 요리사들은 음식을 만들기 위해서
음식 재료도 준비하고, 청소도 했어요.
그런데 정말 신기한 일이 벌어졌어요.
음식을 만들 때 사용하는 냄비와 국자,
도마와 주걱 등을 박자에 맞추어 두들기니
멋진 음악을 연주하는 악기가 된 거예요.
두들겨서 소리를 내면 시끄러울 줄 알았는데
함께 어울려서 멋진 음악이 되다니
정말 놀라웠어요.

7 요리사들이 음식을 만들기 위해서 한 일을 모두 찾아 ◯표 해 보세요.

청소를
했어요.

시장에
갔어요.

음식 재료를
준비했어요.

8 다음 문장의 빈칸에 들어갈 낱말을 보기 에서 찾아 써 보세요.

박자에 맞추어 두들기니 멋진 ⬚⬚ 이 되었어요.

보기   공부   음악   그림

놀이마당

소리를 찾아서
주사위를 던져서 말을 움직이는 놀이예요.

❀ 주사위를 던져서 나온 숫자만큼 앞으로 움직이세요. 숫자가 나온 곳에 '듣기 좋은 소리'가 있으면 앞으로 한 칸, '듣기 싫은 소리'가 있으면 뒤로 한 칸 움직이세요.

정보마당

동물들도 소리를 들어요

동물들은 어떻게 소리를 들을까요? 특이한 방법으로 소리를 듣는 동물들을 알아보아요.

금붕어

금붕어는 몸 양옆에 한 줄로 늘어서 있는 줄이 있어요. 이것을 '옆줄'이라고 하는데, 이 옆줄로 물의 흐름이나 무엇인가가 움직일 때 생기는 떨림을 느낀답니다.

귀뚜라미

귀뚜라미는 다리로 소리를 들어요. 앞다리 아랫부분에 사람의 귀와 같은 고막기가 있기 때문이지요. 여치도 다리에 귀가 있답니다.

박쥐

박쥐는 사람이 들을 수 없는 아주 높은 소리를 내요. 이러한 소리를 '초음파'라고 하지요. 눈이 나쁜 박쥐는 코나 입으로 초음파를 내고, 그 소리가 먹이의 몸에 부딪쳐 되돌아오는 소리를 귀로 들어 먹이의 위치를 알아낸답니다.

개구리

개구리는 소리를 듣는 기관이 몸 바깥에 있어요. 바로 양쪽 눈의 뒤쪽에 둥근 모양의 고막이 있답니다.

거미

거미는 귀가 없어요. 그럼 소리를 듣지 못할까요? 아니에요. 거미는 다리에 난 털로 소리의 떨림을 느껴서 소리를 알아챈답니다.

둘째 마당

동식물은 내 친구

"둘째 마당에서는 우리와 함께 사는 동물과 식물에 대한 글을 읽어 볼 거예요.
강아지를 잃어버리고 슬퍼하는 은결이를 만나고, 방울토마토가 어떻게 자라는지도 살펴보아요. 또, 금붕어를 잘 기를 수 있는 방법과 꽃과 나무가 많은 마당에서 즐거운 시간을 보낸 친구도 만나 보아요.
주어진 글을 모두 읽고 나면 주변의 동물과 식물이 더욱 친근하고 소중하게 느껴질 거예요."

부모님께

둘째 마당에서 다루고 있는 '동식물은 내 친구'는 초등 1학년 슬기로운 생활 영역의 대주제 중 하나인 '주위의 동식물 살펴보기'와 2학년 '동물이나 식물이 자라는 모습 살펴보기'와 연관되어 있습니다. 이 주제는 우리와 함께 살아가는 주변의 동식물을 살펴보고 사랑하는 마음으로 보살펴 줌으로써 생명 존중의 마음을 기르는 활동입니다. 교재 학습과 더불어 아이가 직접 동식물을 길러 볼 수 있도록 해 보세요.

마당길잡이

교과영역	바른 생활	✔ 슬기로운 생활	즐거운 생활

순서	글감 제목	글감 내용	이렇게 읽어요
첫째 날	초롱아, 어디 있니? (이야기)	강아지를 잃어버린 은결이의 이야기를 통해 동물의 소중함에 대해 알아보아요.	어떤 일이 일어났는지 잘 살펴보며 읽어요.
둘째 날	방울토마토가 쑥쑥 (관찰 일기)	방울토마토가 어떻게 자라는지 알아보아요.	글쓴이가 본 것과 느낀 점을 구별하며 읽어요.
셋째 날	금붕어 기르기 (설명하는 글)	금붕어를 기르고 건강하게 돌보는 방법에 대해 알아보아요.	중요한 내용을 정리하며 읽어요.
넷째 날	꽃과 나무가 좋아 (일기)	외할머니네 마당의 꽃과 나무가 어떤 즐거움을 주는지 알아보아요.	글쓴이가 한 일과 마음을 살펴보며 읽어요.

다섯째 날	다지기 마당	앞에서 공부한 내용을 다시 한 번 확인해 보아요.
	놀이 마당	알림종이에 있는 강아지와 똑같은 강아지를 찾는 놀이를 해 보아요.
	정보 마당	동물병원에서 하는 일에 대해 알아보아요.

초롱아, 어디 있니?

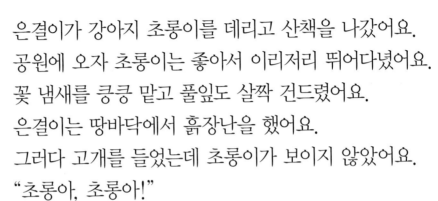

은결이가 강아지 초롱이를 데리고 산책을 나갔어요.
공원에 오자 초롱이는 좋아서 이리저리 뛰어다녔어요.
꽃 냄새를 킁킁 맡고 풀잎도 살짝 건드렸어요.
은결이는 땅바닥에서 흙장난을 했어요.
그러다 고개를 들었는데 초롱이가 보이지 않았어요.
"초롱아, 초롱아!"
공원 안을 아무리 둘러봐도 초롱이가 없었어요.
"할머니, 강아지 못 보셨어요?"
은결이는 지나가는 할머니께 **여쭈어** 보았어요.
할머니께서는 못 보았다고 고개를 저으셨어요.

낱말쏙쏙
❀ 여쭈어
　(여쭈다)
웃어른께 묻는다는 말이에요.

42

은결이는 큰길까지 나와서 초롱이를 찾았어요.
초롱이가 혹시 차에 치인 것은 아닐까 걱정이 되었어요.
그리고 초롱이가 없으니까 너무나 **허전했어요**.
"초롱아, 어디 있니?"
은결이는 초롱이가 보고 싶어서 훌쩍훌쩍 울었어요.
그때, 엄마가 초롱이를 안고 들어오셨어요.
"공원 근처 과일 가게에서 찾았어."
초롱이가 꼬리를 살랑살랑 흔들며 달려왔어요.
은결이는 소중한 초롱이를 다시 만나서 무척 기뻤어요.

🌸 **허전했어요** 낱말쏙쏙
 (허전하다)
무엇이 없어져서 매우
서운하고 쓸쓸하다는
말이에요.

43

글의 내용을 생각하면서 문제를 풀어 보세요.

1 은결이가 할머니께 여쭈어 본 말은 무엇인가요? 알맞은 것을 찾아 ○표 해
보세요.

지금 몇 시예요?

강아지 못 보셨어요?

공원은 어디에 있나요?

2 엄마는 초롱이를 어디서 찾아오셨나요? 알맞은 것을 찾아 ○표 해 보세요.

큰 길

동물병원

과일 가게

3 이야기의 차례에 맞게 ☐ 안에 번호를 써 보세요.

엄마가 초롱이를 찾아오셨어요.

은결이가 초롱이와 산책을 갔어요.

은결이가 초롱이를 찾아다녔어요.

공원에서 초롱이가 없어졌어요.

4 은결이는 초롱이를 다시 만나서 어떤 마음이 들었나요? 알맞은 것을 찾아 색칠해 보세요.

초롱이가
귀찮았어요.

별로 반갑지
않았어요.

무척
기뻤어요.

낱말의 뜻을 생각하면서 문제를 풀어 보세요.

부사 익히기

1 ☐ 안의 말에 어울리는 그림을 찾아 ◯표 해 보세요.

살짝

높임말 익히기

2 바른 문장이 되도록 알맞은 말을 찾아 색칠해 보세요.

할머니 한테 께
여쭈어 보았어요.

할머니께서는 고개를
저으셨어요 저었어요 .

문장 바꾸어 쓰기

3 보기 에서와 같이 주어진 문장을 바꾸어 써 보세요.

보기   소중한 초롱이 ➡ 초롱이가 ｢ 소중하다 ｣.

귀여운 강아지 ➡ 강아지가 ［   ］.

지나가는 할머니 ➡ 할머니께서 ［   ］.

문장 완성하기

4 다음 그림에 어울리는 문장이 되도록 보기 에서 알맞은 말을 찾아 써 보세요.

꽃 냄새를 ［   ］ 맡아요.

꼬리를 ［   ］ 흔들어요.

보기   킁킁   첨벙첨벙   살랑살랑

방울토마토가 쑥쑥

4월 10일 일요일

아빠와 방울토마토 **모종**을 심었다.

화분에 흙을 담고 모종을 넣고 다시 흙을 덮었다.

그리고 물을 듬뿍 주었다.

잘 자라서 빨리 방울토마토를 먹게 되었으면 좋겠다.

4월 30일 토요일

방울토마토 모종이 키도 크고 잎도 커졌다.

오늘 아침에 보니까 꽃이 피어 있었다.

색깔은 개나리처럼 노랗고 크기는 내 엄지손가락만 했다.

처음 본 방울토마토 꽃이 귀엽고 예뻤다.

낱말쏙쏙

🌸 **모종**

옮겨 심기 위하여 씨앗을 뿌려 가꾼 어린 식물을 뜻해요.

48

5월 15일 일요일

꽃이 떨어진 자리에 초록색 방울토마토가 **열렸다.**

처음엔 열매가 콩알처럼 작아서 실망했다.

그런데 아빠가 점점 커진다고 알려 주셨다.

열매가 잘 자라도록 물을 더 열심히 주어야겠다.

🌸열렸다　　낱말쏙쏙
(열리다)

열매가 맺힌다는 말이에요.

5월 23일 월요일

방울토마토가 빨갛게 익었다.

한 가지에 여러 개가 주렁주렁 매달려 있었다.

방울토마토를 직접 길러서 먹으니 더욱 맛있었다.

그리고 식물이 자라는 모습이 무척 신기했다.

49

글의 내용을 생각하면서 문제를 풀어 보세요.

1 글쓴이가 기른 것은 무엇인가요? 알맞은 것을 찾아 〇표 해 보세요.

고추

상추

방울토마토

2 방울토마토 꽃의 색깔과 크기는 어떠한가요? 바르게 말한 친구를 찾아
〇표 해 보세요.

색깔은 초록색이고
크기는 콩알처럼
작아요.

색깔은 개나리처럼
노랗고 크기는
엄지손가락만 해요.

색깔은 빨간색이고
크기는
엄지손톱만 해요.

3 방울토마토가 자라는 모습에 알맞게 차례대로 ☐ 안에 번호를 써 보세요.

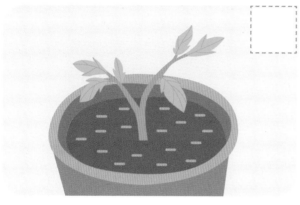

4 글쓴이가 방울토마토를 기르면서 느낀 점은 무엇인가요? 알맞은 것을 모두 찾아 색칠해 보세요.

직접 길러서 먹으니
더욱 맛있어.

방울토마토는 기르기
너무 힘들어.

식물이 자라는
모습이 신기해.

낱말의 뜻을 생각하면서 문제를 풀어 보세요.

명사 익히기

1 다음 그림을 보고, 알맞은 말을 보기 에서 찾아 써 보세요.

보기   잎   꽃   뿌리   열매

소리는 같지만 뜻이 다른 말 알기

2 밑줄 친 '열렸다'와 같은 뜻으로 쓰인 말을 찾아 〇표 해 보세요.

> 꽃이 떨어진 자리에 초록색 방울토마토가 **열렸다**.

문이 열렸다.

배가 열렸다.

3 다음 그림과 어울리는 말이 되도록 바르게 연결해 보세요.

개나리처럼 •

• 작다.

콩알처럼 •

• 노랗다.

4 다음 그림에 어울리는 말을 보기 에서 찾아 써 보세요.

모종을 ☐ .

물을 ☐ .

보기   주다   매달리다   심다

금붕어 기르기

금붕어를 기르려면 어떻게 해야 할까요?
먼저, 금붕어가 살 어항을 꾸며요.
바닥에 자갈을 깔고, 부드러운 물풀도 넣어 주지요.
금붕어가 숨을 잘 쉬려면
산소가 나오는 장치도 필요해요.
먹이는 하루에 한 번 줘요.
많이 주면 찌꺼기가 생겨 물이 더러워져요.
그러므로 반드시 적당한 양을 줘야 해요.

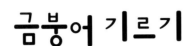
낱말쏙쏙

✿산소
생물이 숨 쉬는 데 꼭 필요한 것이에요. 공기 속에 많이 들어 있어요.

2주가 지나면 어항에 있는 물을 **갈아요**.

이때, 수도꼭지에서 바로 나오는 수돗물은 안 돼요.

하루 동안 받아 두었다가 어항에 넣어 주어야 해요.

가끔 어항도 깨끗이 청소해야 해요.

바닥에 깐 자갈을 씻고, 어항 벽도 싹싹 닦아요.

이처럼 금붕어를 기르는 일은 쉽지 않아요.

정성을 기울여 돌보아야 해요.

그래야 금붕어가 건강하게 살 수 있답니다.

낱말쏙쏙

🌸 **갈아요**
(갈다)

이미 있는 것을 다른
것으로 바꾼다는 말이에요.

글의 내용을 생각하면서 문제를 풀어 보세요.

1 이 글은 무엇에 대해 쓴 글인가요? 바르게 말한 친구를 찾아 ⭕표 해 보세요.

금붕어의 생김새에 대해 자세하게 쓴 글이에요.

어항을 고르는 방법에 대해 쓴 글이에요.

금붕어를 기르는 방법에 대해 쓴 글이에요.

2 어항을 꾸미는 데 필요한 것은 무엇인가요? 알맞은 것을 모두 찾아 ⭕표 해 보세요.

물풀　구슬　나뭇가지　자갈

❸ 금붕어를 기르는 방법으로 알맞지 <u>않은</u> 것을 찾아 ◯표 해 보세요.

하루에 한 번 먹이를 줘요.

먹이를 많이 줘요.

어항 물을 갈아 줘요.

어항을 청소해요.

❹ 이 글을 읽고, 알게 된 것은 무엇인가요? 알맞은 것에 색칠해 보세요.

금붕어를 기르는 일은 무척 쉬워요.

금붕어는 어린이들이 가장 좋아하는 동물이에요.

금붕어를 정성껏 길러야 금붕어가 건강하게 살 수 있어요.

낱말의 뜻을 생각하면서 문제를 풀어 보세요.

1 다음 그림을 보고, 알맞은 말을 찾아 색칠해 보세요.

기어가는
헤엄치는   금붕어

부드러운
부지런한   물풀

2 다음 ⬚ 안에 알맞은 말을 보기 에서 찾아 써 보세요.

어항에 자갈을 깔아요.

물풀 ⬚ 넣어요.

보기   이   도   에   에서

이어 주는 말 익히기

3 다음 두 문장을 어떤 말로 이어 주어야 할까요? 알맞은 말을 골라 ◯표 해 보세요.

먹이를 많이 주면 물이 더러워져요.

왜냐하면   그러므로

반드시 적당한 양을 줘야 해요.

반대되는 표현 익히기

4 서로 반대되는 문장이 되도록 보기 에서 알맞은 말을 찾아 써 보세요.

물고기를 사요.
↔
물고기를 [   ].

물이 더러워요.
↔
물이 [   ].

보기 길러요   팔아요   가벼워요   깨끗해요

꽃과 나무가 좋아

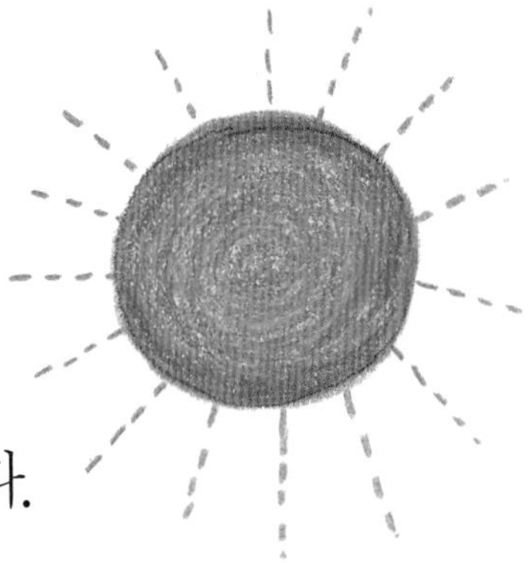

○월 ○○일 ○요일 날씨: 맑음

엄마, 아빠, 언니와 외할머니 댁에 다녀왔다.
외할머니 댁 마당에는 나무와 꽃이 많다.
앵두나무도 한 그루 있다.
나는 언니와 함께 앵두를 따서 먹었다.
새콤한 앵두가 맛있었다.
누가 앵두 씨를 멀리 **뱉나** 시합도 했다.
엄마는 마당에 핀 꽃들의 이름을 알려 주셨다.
채송화, 봉숭아, 해바라기, 분꽃, 맨드라미……

낱말쏙쏙

🌸 뱉나
(뱉다)
입속에 있는 것을 입 밖으로
내보낸다는 말이에요.

60

나는 채송화가 가장 예뻤다.

세 송이를 꺾어서 한 송이를 내 머리에 꽂았다.

그리고 엄마와 언니에게 한 송이씩 꽂아 주었다.

엄마가 손톱에 봉숭아 물을 들여 주셨다.

봉숭아 꽃잎을 빻아서 내 손톱에 올려놓으셨다.

내일이면 손톱이 붉게 **물들** 것이다.

외할머니 댁은 참 좋다.

꽃과 나무가 있어서 재미있게 놀 수 있다.

우리 집에도 꽃과 나무가 많이 있으면 좋겠다.

낱말쏙쏙

🌸 물들
 (물들다)
빛깔이 스미거나 옮아서
묻는다는 말이에요.

61

글의 내용을 생각하면서 문제를 풀어 보세요.

1 '나'의 외할머니 댁은 어떠한가요? 알맞은 것을 찾아 ◯표 해 보세요.

집이 커요.

채소밭이 있어요.

강아지를 많이 길러요.

꽃과 나무가 많아요.

2 엄마가 '나'에게 알려 주신 것은 무엇인가요? 알맞은 것을 찾아 색칠해 보세요.

앵두나무의 나이

마당에 핀 꽃들의 이름

손톱에 봉숭아 물을 들이는 방법

3 '나'가 외할머니 댁에서 한 일은 무엇인가요? 알맞은 것을 모두 찾아 ◯표 해 보세요.

● 앵두 따 먹기

● 나무에 물 주기

● 꽃반지 만들기

● 봉숭아 물들이기

● 머리에 꽃 꽂기

4 '나'는 외할머니 댁에 다녀와서 어떤 생각을 했나요? 알맞은 것을 찾아 ◯표 해 보세요.

외할머니께서는 꽃과 나무를 가꾸느라 힘드시겠어.

우리 집에도 꽃과 나무가 많으면 좋을 텐데.

낱말의 뜻을 생각하면서 문제를 풀어 보세요.

포함하는 말 익히기

1 다음을 모두 포함할 수 있는 낱말을 보기 에서 찾아 써 보세요.

> 채송화 봉숭아 해바라기 분꽃

보기   옷   음식   계절   꽃

움직임을 나타내는 말 익히기

2 다음 그림을 보고, 알맞은 말을 찾아 바르게 연결해 보세요.

·   · 따다

·   · 뽑다

·   · 꽂다

시제 익히기

3 바른 글이 되도록 ⬚ 안에 알맞은 말을 찾아 ⭕표 해 보세요.

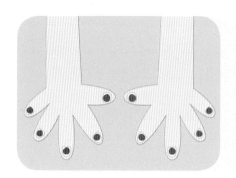

내일이면 손톱이
붉게 ⬚⬚⬚⬚⬚ .

물들었다　　　물든다　　　물들 것이다

단위를 나타내는 말 익히기

4 다음 그림을 보고, 보기 에서 알맞은 말을 찾아 써 보세요.

앵두나무 한 ⬚⬚　　　채송화 세 ⬚⬚

보기　　　켤레　　송이　　그루　　마리

65

다지기 마당

'다지기 마당'은 이번 마당에서 읽은 글을 다시 한 번 읽어 보면서 독해력과 어휘력을 다지는 시간입니다. 글과 문제를 꼼꼼히 읽고, 알맞은 답을 찾아 보세요.

✿ 다음 글을 읽고, 물음에 답해 보세요.

공원에 오자 초롱이는 좋아서 이리저리 뛰어다녔어요.
꽃 냄새를 킁킁 맡고 풀잎도 살짝 건드렸어요.
은결이는 땅바닥에서 흙장난을 했어요.
그러다 고개를 들었는데 초롱이가 보이지 않았어요.
"초롱아, 초롱아!"
공원 안을 아무리 둘러봐도 초롱이가 없었어요.
"할머니, 강아지 못 보셨어요?"
은결이는 지나가는 할머니께 여쭈어 보았어요.
할머니께서는 못 보았다고 고개를 저으셨어요.

1 공원에서 일어난 일은 무엇인가요? 알맞은 것을 찾아 ○표 해 보세요.

┌─────────────┐ ┌─────────────┐ ┌─────────────┐
│ 은결이가   │ │ 할머니가   │ │ 초롱이가   │
│ 다쳤어요.   │ │ 길을 잃었어요.│ │ 없어졌어요.   │
└─────────────┘ └─────────────┘ └─────────────┘

2 둘 중에 알맞은 말을 찾아 색칠해 보세요.

초롱이가 보이지

┌─────────────┐
│ 않았어요.   │
├─────────────┤
│ 못했어요.   │
└─────────────┘

🌸 다음 글을 읽고, 물음에 답해 보세요.

> 5월 15일 일요일
> 꽃이 떨어진 자리에 초록색 방울토마토가 열렸다.
> 처음엔 열매가 콩알처럼 작아서 실망했다.
> 그런데 아빠가 점점 커진다고 알려 주셨다.
> 열매가 잘 자라도록 물을 더 열심히 주어야겠다.

3 글쓴이가 실망한 까닭은 무엇인가요? 알맞은 것을 찾아 ◯표 해 보세요.

열매가
작아서

열매가
맛이 없어서

꽃이
떨어져서

열매가
점점 커져서

4 다음 문장에 어울리는 낱말을 찾아 ( ) 안에 ◯표 해 보세요.

아빠가 (점점 / 그만) 커진다고 알려 주셨다.

열매가 (몹시 / 잘) 자라도록 물을 더 열심히 주어야겠다.

🌸 다음 글을 읽고, 물음에 답해 보세요.

먼저, 금붕어가 살 어항을 꾸며요.
바닥에 자갈을 깔고, 부드러운 물풀도 넣어 주지요.
금붕어가 숨을 잘 쉬려면
산소가 나오는 장치도 필요해요.
먹이는 하루에 한 번 줘요.
많이 주면 찌꺼기가 생겨 물이 더러워져요.
그러므로 반드시 적당한 양을 줘야 해요.

5 금붕어의 먹이는 어떻게 주어야 하나요? ⬚ 안에 알맞은 말을 이 글에서 찾아 써 보세요.

하루에 ⬚ 번, 적당한 양을 줘요.

6 밑줄 친 낱말과 관계있는 낱말을 모두 찾아 〇표 해 보세요.

물고기 파는 가게에서 살 수 있지요.

금붕어   찌꺼기   물   어항   바닥

🌸 다음 글을 읽고, 물음에 답해 보세요.

엄마, 아빠, 언니와 외할머니 댁에 다녀왔다.
외할머니 댁 마당에는 나무와 꽃이 많다.
앵두나무도 한 그루 있다.
나는 언니와 함께 앵두를 따서 먹었다.
새콤한 앵두가 맛있었다.
누가 앵두 씨를 멀리 뱉나 시합도 했다.
엄마는 마당에 핀 꽃들의 이름을 알려 주셨다.

7 '나'는 어디에 다녀왔나요? 알맞은 것을 찾아 ◯표 해 보세요.

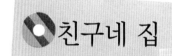 친구네 집

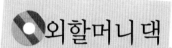 외할머니 댁

○ 과수원

○ 동물원

8 보기 와 같이 주어진 문장을 바꾸어 써 보세요.

보기

빨갛게 익은 앵두

➡ | 앵두가 | 빨갛게 | 익다 | .

마당에 핀 꽃

➡ | | 마당에 | | .

69

강아지를 찾습니다!

알림 종이에 그려진 강아지와 똑같은 강아지를 찾는 놀이예요.

❀ 송이가 잃어버린 강아지를 찾으려고 동네에 알림 종이를 붙였어요. 동네 곳곳에 강아지들이 많이 있네요. 알림 종이에 그려진 강아지의 생김새를 잘 살펴보고, 송이의 강아지를 찾아보세요.

강아지를 찾습니다

소중한 내 친구 방울이를 찾습니다. 보신 분은 꼭 연락 주세요.

동물 병원에서는 무슨 일을 할까?

동물 병원에서는 아픈 동물들을 치료해요. 그 밖에도 동물들을 위해 여러 가지 일을 하지요. 동물 병원에서 하는 일에 대해 알아보아요.

재미있는 숫자

"셋째 마당에서는 숫자에 대한 여러 가지 글을 읽어
볼 거예요.

숫자가 사라지면 어떻게 될까 상상해 보기도 하고,
우리 주변에서 숫자와 닮은 것을 찾아보기도 하지요.

또, 숫자 '0'과 숫자를 올바르게 읽는 방법에 대해서
도 알아보아요.

주어진 글을 모두 읽고 나면 우리 생활에 숫자가 꼭
필요하다는 것을 알게 될 거예요."

부모님께

셋째 마당에서 다루고 있는 '재미있는 숫자'는 초
등 1학년 1학기 수학 영역 1, 2단원과 연관되어
있습니다. 이들 단원에서는 0에서부터 9까지의
숫자를 정확하게 읽고 쓰고, 수의 순서를 익히는
활동을 합니다. 숫자는 우리 생활 곳곳에서 쓰이
고 있습니다. 교재 학습과 더불어 아이들과 함께
생활 속에 있는 숫자를 찾아보기도 하고, 아이들
이 생활하면서 개수나 순서를 말할 때 정확한 표
현을 쓸 수 있도록 지도해 주세요.

마당길잡이

교과영역	바른 생활	슬기로운 생활	즐거운 생활	✔ 수학

순서	글감 제목	글감 내용	이렇게 읽어요
첫째 날	숫자가 사라졌어요! (이야기)	숫자가 사라진 상황을 통해 숫자의 필요성을 생각해 보아요.	어떤 일이 일어났는지 잘 살펴보며 읽어요.
둘째 날	무얼 닮았나? (동시)	숫자와 닮은 것을 찾아 쓴 시를 통해 숫자에 흥미를 가져 보아요.	흉내 내는 말과 꾸며 주는 말에 주의하며 읽어요.
셋째 날	'0' 이야기 (설명하는 글)	'0'을 어떻게 읽는지, '0'이 얼마나 중요한지 등을 알아보아요.	중요한 내용을 정리하며 읽어요.
넷째 날	열 층이요? (생활문)	우리 생활 속에서 숫자를 읽는 여러 가지 방법을 알아보아요.	수 읽기와 관련된 부분을 잘 살펴보며 읽어요.
다섯째 날	다지기 마당	앞에서 공부한 내용을 다시 한 번 확인해 보아요.	
	놀이 마당	꼬마 도깨비들의 모습을 완성하는 놀이를 해 보아요.	
	정보 마당	시계를 보는 방법을 알아보아요.	

숫자가 사라졌어요!

"에이, 숫자는 정말 싫어!"

예지는 수학 공부를 하다가 **짜증**을 부렸어요.

그날 밤, 숫자들이 말했어요.

"예지가 우리를 싫어해서 너무 슬퍼."

"나도 그래. 우리 여기를 떠나 버리자."

다음 날 아침, 잠에서 깬 예지는 깜짝 놀랐어요.

책상 위에 놓여 있는 시계가 이상했거든요.

"어? 시계 속의 숫자가 어디 갔지? 몇 시인지 알 수가 없잖아."

예지는 침대에서 일어나 거실로 갔어요.

하지만 벽에 걸려 있는 시계에도 숫자가 없었어요.

낱말쏙쏙

❀짜증

못마땅하거나 싫은 감정을
겉으로 나타내는 것을 말해요.

"엄마, 아빠는 어디 계신 거야?"
이상하게도 집 안에는 예지밖에 없었어요.
예지는 엄마에게 전화를 걸려고 하였어요.
하지만 전화기 속의 숫자가 사라져서 전화를 걸 수 없었어요.
"이게 도대체 어떻게 된 일이지?"
예지는 집 안을 둘러보았어요.
달력에 숫자가 없어서 오늘이 며칠인지도 알 수 없었어요.
리모컨의 숫자도, 책과 장난감에 있던 숫자도
모두 사라져 버렸어요.
"으앙! 숫자들아, 돌아와. 내가 잘못했어!"
예지는 큰 소리로 울음을 터뜨렸어요.

낱말쏙쏙

🌸**리모컨**
단추를 눌러서 텔레비전이나
에어컨 같은 전자 제품을
움직이는 장치를 말해요.

75

글의 내용을 생각하면서 문제를 풀어 보세요.

1 숫자들이 사라진 까닭은 무엇인가요? 알맞게 말한 친구를 찾아 (   )
안에 ◯표 해 보세요.

엄마가
숫자들을 혼냈기
때문이에요.

예지가
숫자들을 싫어했기
때문이에요.

아빠가
숫자들을 쫓아냈기
때문이에요.

(   )   (   )   (   )

2 예지가 아침에 일어나서 본 것은 무엇인가요? 알맞은 것을 찾아 모두 ◯표
해 보세요.

3 예지는 숫자가 없어서 무엇을 알지 못하거나 어떤 일을 할 수 없었나요? 바르게 연결해 보세요.

| 시간을 알 수 없었어요. | 오늘이 며칠인지 알 수 없었어요. | 엄마에게 전화를 걸 수 없었어요. |

4 예지는 이번 일을 통해 무엇을 깨달았을까요? 바르게 말한 것을 찾아 색칠해 보세요.

숫자가 있으면 불편하다는 것을 알았어.

우리 생활 속에서 숫자가 꼭 필요하다는 것을 알았어.

숫자들이 정말 나쁘다는 것을 알았어.

낱말의 뜻을 생각하면서 문제를 풀어 보세요.

정확한 이름 익히기

1 '1, 2, 3,…'처럼 수를 써서 나타내는 것을 무엇이라고 하나요? 알맞은 이름이 쓰여 있는 팻말에 ◯표 해 보세요.

 글자

 그림

 숫자

반대되는 표현 익히기

2 다음 그림을 보고, 보기 에서 알맞은 낱말을 찾아 써 보세요.

↕

좋다

↕

기쁘다

보기 곱다 싫다 슬프다 반갑다

78

3 밑줄 친 '어제'와 '내일' 사이에 있는 날을 무엇이라고 하나요? 알맞은 말을 골라 색칠해 보세요.

어제는 비가 왔어요.

오늘   오전   은 햇볕이 쨍쨍해요.

내일은 날씨가 어떨까요?

4 다음 그림을 보고, 보기 에서 알맞은 말을 찾아 써 보세요.

주위를 ☐ .

울음을 ☐ .

보기   부려요   터뜨려요   둘러보아요

무얼 닮았나?

숫자 0은 무얼 닮았나?

꿀꺽 침이 넘어가는 달콤한 사탕을 닮았지.

숫자 1은 무얼 닮았나?

냠냠 맛있는 기다란 초콜릿 과자를 닮았지.

숫자 2는 무얼 닮았나?

둥둥 호수에 떠 있는 하얀 백조를 닮았지.

숫자 3은 무얼 닮았나?

알록달록 예쁜 컵의 손잡이를 닮았지.

숫자 4는 무얼 닮았나?

펄럭펄럭 바람에 흔들리는 깃발을 닮았지.

낱말쏙쏙

✿펄럭펄럭

바람에 빠르고 힘차게 나부끼는 소리나 모양을 뜻하는 말이에요.

숫자 5는 무얼 닮았나?
철커덕 자물쇠를 열어 주는 열쇠를 닮았지.
숫자 6은 무얼 닮았나?
달랑달랑 따뜻한 털모자 끝에 달려 있는 방울을 닮았지.
숫자 7은 무얼 닮았나?
콩콩 우리 할아버지가 짚고 다니는 지팡이를 닮았지.
숫자 8은 무얼 닮았나?
동글동글 우리 아빠가 만든 눈사람을 닮았지.
숫자 9는 무얼 닮았나?
찰랑찰랑 뜨거운 국물을 퍼 주는 국자를 닮았지.

낱말쏙쏙
✿찰랑찰랑

물이 넘칠 듯이 흔들거리는
소리나 모양을 뜻하는
말이에요.

81

글의 내용을 생각하면서 문제를 풀어 보세요.

1 숫자 '0'은 무엇을 닮았나요? 알맞은 것을 찾아 ◯표 해 보세요.

2 다음 그림에서 찾을 수 있는 숫자는 무엇인가요? 알맞은 것을 찾아 색칠해 보세요.

1   2   4   5

3 숫자 '7, 8, 9'와 닮은 것은 무엇인가요? 바르게 연결해 보세요.

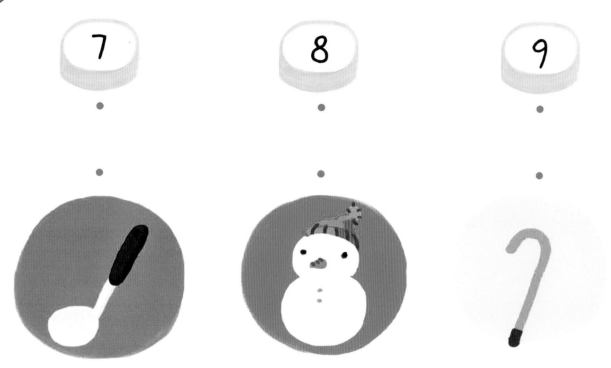

4 이 시를 읽고, 느낀 점을 바르게 말한 친구를 찾아 (   ) 안에 ○표 해 보세요.

우리 주변에 신기한 물건이 많다는 사실이 놀라워요.

식구들의 닮은 점을 찾아 쓴 것이 재미있어요.

우리 주변에서 숫자랑 닮은 것을 찾은 점이 재미있어요.

(   )   (   )   (   )

낱말의 뜻을 생각하면서 문제를 풀어 보세요.

추상적인 낱말 익히기

1 다음 그림에서 '닮은' 것은 무엇무엇인지 찾아 ○표 해 보세요.

| 보름달 | 전화기 | 빵 |

흉내 내는 말 익히기

2 다음 그림을 보고, 알맞은 흉내 내는 말을 찾아 바르게 연결해 보세요.

동글동글

알록달록

찰랑찰랑

꾸며 주는 말 익히기

3 다음 그림을 보고, 알맞은 말을 찾아 〇표 해 보세요.

(뜨거운 / 따뜻한)
털모자를 써요.

(달콤한 / 짭짤한)
초콜릿을 먹어요.

문장 부호 익히기

4 다음 ⬚ 안에 들어갈 문장 부호를 보기 에서 찾아 써 보세요.

숫자 2는 무얼 닮았나 ⬚

호수에 떠 있는 하얀 백조를 닮았지 ⬚

보기　　　?　　　!　　　.　　　,

'0' 이야기

'0'은 '영' 또는 '공'이라고 읽어요.
가끔 '빵'이라고 읽는 친구도 있는데,
이것은 올바른 읽기 방법이 아니에요.
'0'은 아무것도 없는 것을 뜻해요.
그런데 이런 기호를 왜 만들었을까요?
'0'이 사용되기 전에는 어떤 자리에 수가 없는 경우
그냥 비어 두었어요. '1 1'처럼 말이에요.
이것은 11과 구별하기 어려워요.
하지만 101이라고 쓰면 확실히 **구별**되지요.
이렇게 '0'은 값이 없는 자리를 분명하게 알려 주어요.

낱말쏙쏙

🌸 구별

서로 다른 것을 알아내어
나누어 놓는다는 뜻이에요.

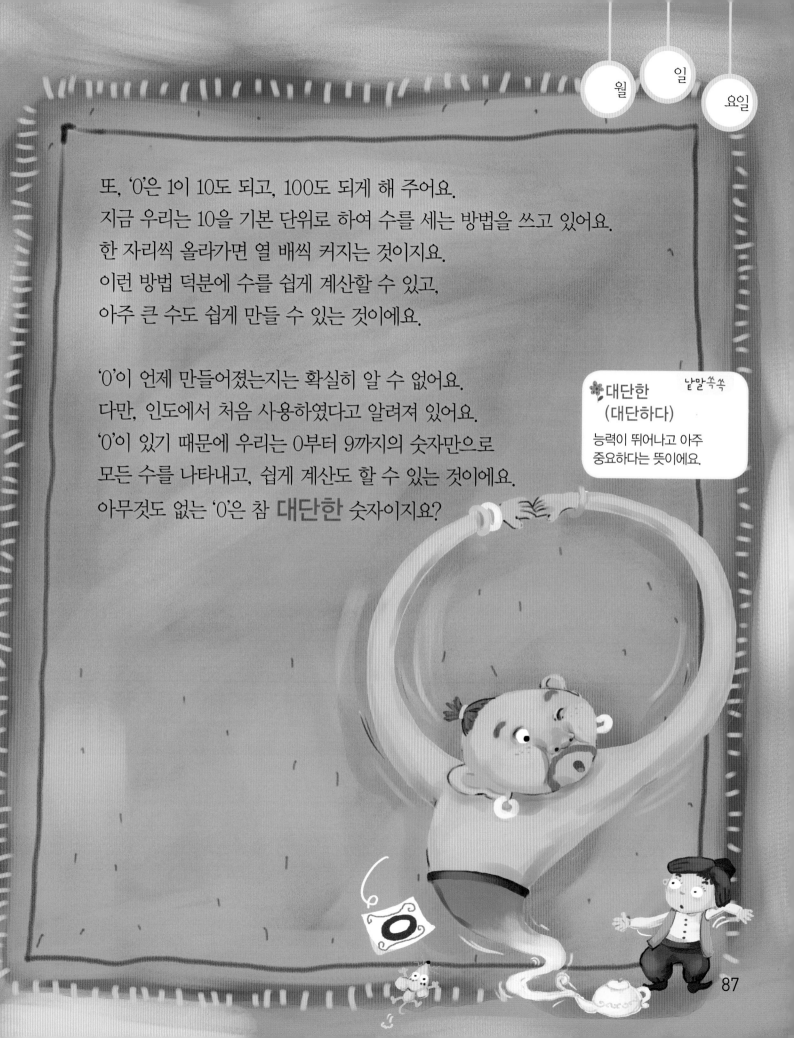

또, '0'은 1이 10도 되고, 100도 되게 해 주어요.
지금 우리는 10을 기본 단위로 하여 수를 세는 방법을 쓰고 있어요.
한 자리씩 올라가면 열 배씩 커지는 것이지요.
이런 방법 덕분에 수를 쉽게 계산할 수 있고,
아주 큰 수도 쉽게 만들 수 있는 것이에요.

'0'이 언제 만들어졌는지는 확실히 알 수 없어요.
다만, 인도에서 처음 사용하였다고 알려져 있어요.
'0'이 있기 때문에 우리는 0부터 9까지의 숫자만으로
모든 수를 나타내고, 쉽게 계산도 할 수 있는 것이에요.
아무것도 없는 '0'은 참 **대단한** 숫자이지요?

낱말쏙쏙
❀대단한
(대단하다)
능력이 뛰어나고 아주
중요하다는 뜻이에요.

글의 내용을 생각하면서 문제를 풀어 보세요.

1 '0'을 바르게 읽은 친구를 모두 찾아 (　　　　) 안에 ◯표 해 보세요.

'영'이라고 읽어요.

'빵'이라고 읽어요.

'공'이라고 읽어요.

(　　　　) 　　　(　　　　) 　　　(　　　　)

2 '0'이 사용되기 전에는 어떤 자리에 수가 없는 경우를 어떻게 나타내었나요? 알맞은 것을 찾아 ◯ 안에 색칠해 보세요.

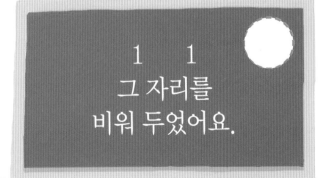

1　1
그 자리를
비워 두었어요.

1★1
그 자리에 그리고 싶은
그림을 그렸어요.

3 '0'에 대해서 바르게 말한 친구를 모두 찾아 색칠해 보세요.

> '0'은 값이 없는
> 자리를 분명하게
> 알려 주어요.

> '0'은 1이 10도 되고,
> 100도 되게
> 해 주어요.

> '0'은 우리나라에서
> 처음 만들어
> 사용했어요.

4 이 글을 읽고, 알게 된 사실은 무엇인가요? 바르게 말한 것을 찾아 ( ) 안에 ○표 해 보세요.

'0'은 필요 없는 숫자예요. ( )

'0'은 꼭 필요한 숫자예요. ( )

'0'은 있어도 되고, 없어도 되는 숫자예요. ( )

낱말의 뜻을 생각하면서 문제를 풀어 보세요.

추상적인 낱말 익히기

1 다음 그림을 보고, 식물과 동물을 구별하여 식물에는 ◯표, 동물에는 △표를 해 보세요.

반대되는 낱말 익히기

2 다음 그림을 보고, 보기 에서 알맞은 낱말을 찾아 써 보세요.

수학 문제가

⎡ ⎤
⎣ ⎦ .

↕

⎡ ⎤
⎣ ⎦ .

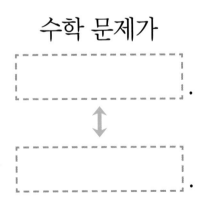

보기　　쉬워요　　　사용해요　　　어려워요

지시하는 낱말 익히기

3 다음 빈칸에 공통으로 들어갈 알맞은 낱말을 찾아 색칠해 보세요.

_____은
맛있는
단팥빵이에요.

'0'을 '빵'이라고
읽었네요. _____은
올바른 읽기 방법이
아니에요.

그곳   저쪽   이것

문장에 어울리는 낱말 익히기

4 다음 문장에 어울리는 낱말을 찾아 ( ) 안에 ◯표 해 보세요.

'0'이 언제 만들어졌는지는 (확실히 / 성실히) 알 수 없어요.

아무것도 없는 '0'은 참 (단단한 / 대단한) 숫자이지요?

열 층이요?

"새미야, 승헌이 아저씨 댁에 가자."

"왜요?"

"승헌이 아저씨가 새 집으로 이사를 해서 우리를 **초대**했거든.

가서 맛있는 저녁 먹고 오자."

나는 신이 나서 엄마, 아빠를 따라 나섰습니다.

"뭐를 사 갈까?"

우리는 잠시 과일 가게에 들렀습니다.

"아빠, 새콤한 귤 사 가요."

아빠는 내 말을 듣고, 귤 한 상자를 사셨습니다.

낱말쏙쏙

❋ 초대

어떤 자리나 모임에 와
달라고 부탁한다는 뜻이에요.

과일

92

"아저씨 집은 몇 **층**이에요?"
나는 엘리베이터를 타자마자 여쭈어 보았습니다.
엄마는 웃으시며 열 손가락을 펴서 보여 주셨습니다.
"열 층이요?"
"호호. 열 층이 아니라 십 층이라고 해야지."
"십 손가락이 아니라 열 손가락이라고 하잖아요."
"물론 그렇지. 하지만 같은 숫자라도 상황에 따라 다르게 읽어야 해."
"딩동딩동!"
"어서 오세요. 첫 번째로 오셨네요."
잠시 뒤 두 번째, 세 번째, 네 번째 가족이 왔습니다.

낱말쏙쏙

🌸 층

위로 높이 지은 건물에서
높이가 같은 곳을 아래에서
위로 차례를 매겨 세는
말이에요.

93

글의 내용을 생각하면서 문제를 풀어 보세요.

1 승헌이 아저씨가 새미네 가족을 초대한 까닭은 무엇인가요? 바르게 말한 친구를 찾아 (　　　) 안에 〇표 해 보세요.

새 집으로 이사를 해서 초대를 했어.

오늘이 아저씨 생일이라서 초대를 했어.

맛있는 음식이 많이 있어서 초대를 했어.

(　　　　) 　　(　　　　) 　　(　　　　)

2 새미 아버지는 무엇을 샀나요? 알맞은 것을 찾아 〇표 해 보세요.

3 장소가 바뀐 차례에 맞게 ☐ 안에 번호를 써 보세요.

새미네 집

엘리베이터 안

승헌이 아저씨네 집

과일 가게

4 엄마가 새미에게 알려 주신 것은 무엇인가요? 바르게 말한 것을 찾아 ◯ 안에 색칠해 보세요.

> 같은 숫자는 항상 똑같이 읽어야 해.

> 같은 숫자라도 자기 마음대로 읽으면 돼.

> 같은 숫자라도 상황에 따라 다르게 읽어야 해.

낱말의 뜻을 생각하면서 문제를 풀어 보세요.

세는 말 익히기

1 다음 그림을 보고, 알맞은 말을 찾아 색칠해 보세요.

십 손가락	열 손가락

십 층	열 층

차례를 나타내는 말 익히기

2 다음 그림에서 타잔으로부터 '세 번째'로 서 있는 동물을 찾아 ○표 해 보세요.

3 다음 그림을 보고, 알맞은 말을 찾아 ◯표 해 보세요.

나는
(매운 / 새콤한)
귤을 먹어요.

우리는
(즐거운 / 미안한)
시간을 보냈어요.

4 다음 문장의 ☐ 안에 들어갈 알맞은 낱말을 보기 에서 찾아 써 보세요.

토요일에 할아버지 ☐ 에 갔어요.

할아버지께 궁금한 것을 ☐ 보았어요.

보기   집   댁   물어   여쭈어

다지기 마당

'다지기 마당'은 이번 마당에서 읽은 글을 다시 한 번 읽어 보면서 독해력과 어휘력을 다지는 시간입니다. 글과 문제를 꼼꼼히 읽고, 알맞은 답을 찾아 보세요.

❀ 다음 글을 읽고, 물음에 답해 보세요.

예지는 엄마에게 전화를 걸려고 하였어요.
하지만 전화기 속의 숫자가 사라져서 전화를 걸 수 없었어요.
"이게 도대체 어떻게 된 일이지?"
예지는 집 안을 둘러보았어요.
달력에 숫자가 없어서 오늘이 며칠인지도 알 수 없었어요.
리모컨의 숫자도, 책과 장난감에 있던 숫자도 모두 사라져 버렸어요.
"으앙! 숫자들아, 돌아와. 내가 잘못했어!"
예지는 큰 소리로 울음을 터뜨렸어요.

1 예지네 집 안에서 무엇이 모두 사라져 버렸나요? 이 글에서 찾아 써 보세요.

➡ ☐ ☐

2 다음 두 문장을 어떤 말로 이어 주어야 할까요? 알맞은 말을 찾아 ( ) 안에 ◯표 해 보세요.

전화기 속의 숫자가 사라졌어요.
(왜냐하면 / 그래서)
엄마에게 전화를 걸 수 없었어요.

✿ 다음 글을 읽고, 물음에 답해 보세요.

숫자 0은 무얼 닮았나?
꺽 침이 넘어가는 달콤한 사탕을 닮았지.
숫자 1은 무얼 닮았나?
냠냠 맛있는 기다란 초콜릿 과자를 닮았지.
숫자 2는 무얼 닮았나?
둥둥 호수에 떠 있는 하얀 백조를 닮았지.
숫자 3은 무얼 닮았나?
알록달록 예쁜 컵의 손잡이를 닮았지.
숫자 4는 무얼 닮았나?
펄럭펄럭 바람에 흔들리는 깃발을 닮았지.

③ 다음 그림을 보고, 닮은 숫자는 무엇인지 써 보세요.

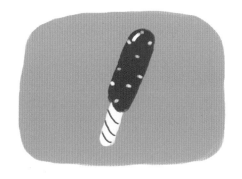  

④ 다음 그림에서 '알록달록'한 컵을 찾아 ◯표 해 보세요.

다음 글을 읽고, 물음에 답해 보세요.

'0'은 아무것도 없는 것을 뜻해요.

그런데 이런 기호를 왜 만들었을까요?

'0'이 사용되기 전에는 어떤 자리에 수가 없는 경우

그냥 비어 두었어요. '1 1'처럼 말이에요.

이것은 11과 구별하기 어려워요.

하지만 101이라고 쓰면 확실히 구별되지요.

이렇게 '0'은 값이 없는 자리를 분명하게 알려 주어요.

5 '0'을 만든 까닭은 무엇인가요? 바르게 말한 것을 찾아 ◯ 안에 ◯표 해 보세요.

글자와 숫자를 구별하려고 ◯

값이 없는 자리를 분명하게 알려 주려고 ◯

아무것도 없는 것을 재미있게 나타내려고 ◯

6 밑줄 친 부분의 '확실히'와 바꾸어 쓸 수 있는 말은 무엇인가요? 알맞은 말을 찾아 ◯표 해 보세요.

조용히   튼튼히   분명히

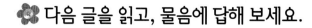

🌸 다음 글을 읽고, 물음에 답해 보세요.

"뭐를 사 갈까?"
우리는 잠시 과일 가게에 들렀습니다.
"아빠, 새콤한 귤 사 가요."
아빠는 내 말을 듣고, 귤 한 상자를 사셨습니다.
"아저씨 집은 몇 층이에요?"
나는 엘리베이터를 타자마자 여쭈어 보았습니다.
엄마는 웃으시며 열 손가락을 펴서 보여 주셨습니다.
"열 층이요?"
"호호. 열 층이 아니라 십 층이라고 해야지."
"십 손가락이 아니라 열 손가락이라고 하잖아요."
"물론 그렇지. 하지만 같은 숫자라도 상황에 따라 다르게 읽어야 해."

7 '나'의 가족은 어디에 들렀나요? 알맞은 장소를 찾아 ◯표 해 보세요.

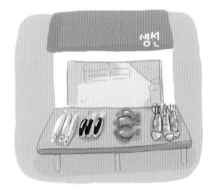

8 세는 말 가운데 알맞은 것을 골라 색칠해 보세요.

• 귤 한 | 송이 | 상자 | • 아파트 십 | 층 | 권 |

놀이마당

꼬마 도깨비 오 형제
그림을 그려서 도깨비들의 모습을 완성하는 놀이예요.

🌸 장난꾸러기 꼬마 도깨비들이 도깨비방망이를 휘둘러 서로의 모습을 엉망으로
만들었어요. 설명대로 그림을 그려서 도깨비들의 모습을 완성해 보세요.

102

째깍째깍 시계

시계는 시간을 알려 주거나 재는 기계예요. 시계를 보는 방법을 알아보아요.

굵고 긴 바늘은 '분'을 나타내요. 숫자와 숫자 사이에 있는 작은 눈금도 '분'에 해당해요. 따라서 숫자 1은 1분이 아니라 5분이에요.

굵고 짧은 바늘은 '시'를 나타내요. 바늘이 숫자와 숫자 사이에 있을 때에는 작은 숫자를 읽어요.

가늘고 긴 바늘은 '초'를 나타내요. 초바늘이 한 바퀴를 돌면 1분이 가는 거예요.

현재 시각은 10시 10분이에요.

전자시계

- 앞에 나오는 숫자는 '시'를 나타내요.
- 뒤에 나오는 숫자는 '분'을 나타내요.
- 왼쪽 시계의 현재 시각은 10시 12분이에요.

메모

예비초등
공습국어

정답 및 해설

정답을 따로 떼어 내어 보관하고,
학습 지도 시 사용해 주세요.

7권

12-13 쪽

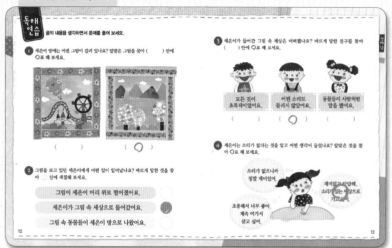

1. 글의 내용을 파악하는 문제입니다. 세은이 방에 걸려 있는 그림은 계곡과 나무, 새와 동물들이 있는 그림이었습니다. 아이가 글의 내용을 잘 이해하고, 내용에 맞는 그림을 고를 수 있도록 지도해 주세요.

2. 인물에게 일어난 중심 사건을 파악하는 문제입니다. 세은이는 그림을 보며 그 속에서 놀고 싶다고 생각했습니다. 그러자 신기하게도 세은이가 그림 속 세상으로 쏙 빨려 들어갔습니다. 아이가 알맞은 답을 고르지 못하면 이 부분을 다시 읽고 내용을 정확하게 이해할 수 있도록 지도해 주세요.

3. 글의 내용을 이해하는 문제입니다. 세은이가 들어간 그림 속 세상에는 소리가 없었습니다. 그림이었기 때문에 아무 소리도 없었던 것이지요. 아이가 현실 세계가 아닌 상상 속 세계의 이야기를 잘 이해할 수 있도록 지도해 주세요.

4. 인물의 마음을 파악하는 문제입니다. 그림 속 세상으로 들어간 세은이는 처음엔 신이 났지만, 소리가 없다는 것을 알고 재미없고 답답한 마음이 들었습니다. 아이에게 소리가 없는 세상을 상상해 보게 하고, 그런 세상에서 살면 어떤 마음이 들지 이야기해 볼 수 있도록 지도해 주세요.

14-15 쪽

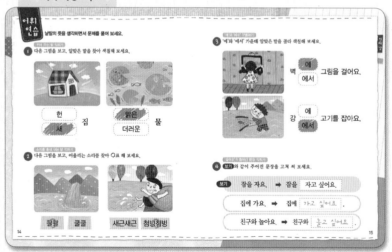

1. 알맞은 꾸며 주는 말을 찾아보는 문제입니다. 그림에 맞는 답을 고른 뒤에 '헌'과 '새', '맑다'와 '더럽다'가 서로 상반되는 의미라는 것도 자연스럽게 지도해 주세요.

2. 알맞은 의성어를 찾아보는 문제입니다. '콸콸'은 많은 양의 액체가 급히 쏟아져 흐르는 소리를, '첨벙첨벙'은 큰 물체가 물에 자꾸 부딪치거나 잠기는 소리를 나타냅니다. '쿨쿨'과 '새근새근'은 잠잘 때 내는 숨소리를 나타내는 말이라는 것도 지도해 주세요.

3. 알맞은 조사를 찾아보는 문제입니다. '에'와 '에서'는 모두 장소를 나타내는 부사어를 만들어 주는 조사입니다. 하지만 '에서'는 어떤 일이 벌어지거나 시작되는 곳임을 나타냅니다. 아이가 '에'와 '에서'를 각각 넣어 문장을 읽어 보고, 자연스럽게 읽히는 것을 고를 수 있도록 지도해 주세요.

4. 동사를 '~고 싶다'의 형태로 고쳐 쓰는 문제입니다. '~고 싶다'는 앞말이 뜻하는 행동을 하고자 하는 마음을 가지고 있음을 나타내는 말입니다. 생활 속에서 흔히 사용하는 표현이므로 아이가 정확하게 쓸 수 있도록 지도해 주세요.

18-19 쪽

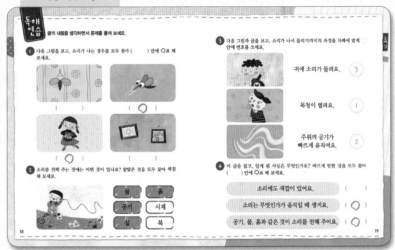

1. 글의 내용을 정확하게 파악하는 문제입니다. 주어진 글에서 소리는 무엇인가가 움직일 때 생긴다고 하였습니다. 그러므로 벽에 붙어 있는 모기나 액자에서는 소리가 나지 않습니다. 아이가 글의 내용을 확실히 이해하고 문제를 해결할 수 있도록 지도해 주세요.

2. 글에서 알려 준 사실을 확인하는 문제입니다. 소리를 들으려면 소리를 전해 주는 물질이 있어야 합니다. 공기, 물, 흙, 실, 나무 같은 물질이 바로 그것입니다. 아이가 글에 나타난 사실을 잘 기억할 수 있도록 지도해 주세요.

3. 목소리가 전해지는 과정을 이해하는 문제입니다. 우리가 말을 하면 목청이 떨리고, 목청이 떨리면 주위의 공기도 떨립니다. 공기의 떨림이 사방으로 퍼져 나가 우리 귀에 닿게 되는 것입니다. 아이가 알맞은 답을 쓰지 못하면 이 문제와 관련된 부분을 다시 읽고 내용을 정확하게 이해할 수 있도록 지도해 주세요.

4. 글의 중심 내용을 파악하는 문제입니다. 주어진 글은 소리가 생기고, 소리가 전해지는 과정을 알기 쉽게 설명한 글입니다. 아이가 설명하는 글에 나타난 정보를 정확하게 파악할 수 있도록 지도해 주세요.

20-21 쪽

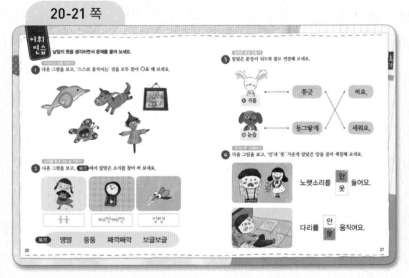

1. 형태가 없는 추상적인 낱말의 뜻을 이해하는 문제입니다. '움직이다'는 멈추어 있던 자세나 자리를 바꾼다는 뜻입니다. 문제를 푼 뒤에 '움직여!', '움직이지 마!' 놀이를 하며 아이가 낱말의 뜻을 정확하게 이해할 수 있도록 지도해 주세요.

2. 알맞은 의성어를 찾아보는 문제입니다. '앵앵'은 모기나 벌이 빨리 날아갈 때 나는 소리를, '둥둥'은 북을 두드리는 소리를, '째깍째깍'은 시계가 가는 소리를, '보글보글'은 찌개 같은 것이 끓는 소리를 나타내는 말입니다. 하지만 소리를 흉내 내는 말은 사람에 따라 조금씩 다르게 표현할 수도 있다는 사실을 알려 주세요.

3. 알맞은 문장을 만들어 보는 문제입니다. 각각의 낱말을 여러 가지 방법으로 연결하여 읽어 보고, 주어진 목적어에 어울리는 부사어와 서술어를 고를 수 있도록 지도해 주세요.

4. '안'과 '못'의 쓰임을 구별하는 문제입니다. '안'과 '못'은 모두 부정문을 만들 때 쓰는 부사입니다. 그런데 '안'은 스스로의 의지로 안 하는 것이고, '못'은 할 수 없어서 못 하는 것입니다. 아이가 이러한 차이를 이해할 수 있도록 지도해 주세요.

1. 등장인물이 한 일을 알아보는 문제입니다. 아이가 쉽게 답을 찾을 수 있는 문제이지만, 쉽게 떠올리지 못할 경우에는 글의 처음 부분을 다시 한 번 읽어 보면서 내용을 파악할 수 있도록 지도해 주세요.

2. 글의 중심 내용을 이해하였는지 파악하는 문제입니다. 글에서 중점적으로 다루고 있는 내용은 듣기 싫은 소리입니다. 글 속의 라임이가 말한 내용을 정확하게 기억하고 이해하였는지 확인할 수 있습니다. 아이가 답을 찾고 난 뒤 그밖에 듣기 싫은 소리에는 무엇이 있는지 말해 보게 하는 것도 확장 활동으로 좋습니다.

3. 글의 내용을 파악하는 문제입니다. 글의 내용을 확인하는 것은 독해력을 향상시키는 좋은 방법입니다. 문제는 쉬울 수 있지만, 글의 흐름을 이해하는 데에 중요한 활동이므로 아이가 내용을 잘 떠올릴 수 있도록 지도해 주세요.

4. 글의 주제를 파악하는 문제입니다. 세상에는 듣기 싫은 소리도 있지만, 다른 사람이 아닌 나를 포함한 우리가 듣기 좋은 소리를 만들 수 있다는 것을 이해하는 문제입니다. 글의 주제를 파악하는 것은 아주 중요한 활동이므로 아이가 문제를 잘 해결할 수 있도록 지도해 주세요.

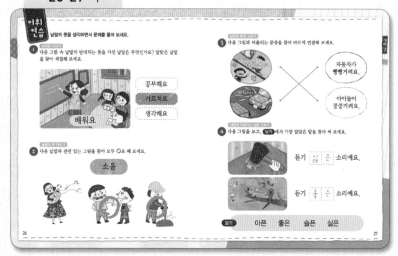

1. 반대말을 알아보는 문제입니다. 평소 아이의 입장에서 배우는 사람은 아이 자신이고, 가르치는 사람은 선생님이나 부모님이 될 것입니다. 생활과 연결시켜서 답을 찾을 수 있도록 지도해 주세요.

2. 한자어인 '소음'의 뜻을 이해하는 문제입니다. '소음'은 아이에게 생소하거나 어려운 낱말일 수 있습니다. 그러나 글 속에 이미 나온 낱말이기 때문에 쉽게 답을 찾을 수 있을 것입니다. 한 번 익힌 낱말을 반복하여 학습시켜 낱말의 뜻을 확실하게 이해할 수 있도록 지도해 주세요.

3. 그림에 어울리는 문장을 찾아보는 문제입니다. 두 개의 문장이 같은 구조를 가지고 있으므로, 먼저 그림을 보고 어떤 장면인지 이해한 뒤 그림의 상황에 어울리는 문장을 찾을 수 있도록 지도해 주세요. 참고로 '-거리다'는 '그런 상태가 잇따라 계속됨'의 뜻을 더하고 동사를 만드는 말입니다.

4. 그림 속 상황에 어울리는 낱말을 찾아 써 보는 문제입니다. '좋다'와 '싫다'는 서로 반대말인 동시에 다른 낱말을 꾸며 주는 형태로 쓰이기도 하는 낱말입니다. 평소 생활하면서 유용하게 사용할 수 있는 낱말이므로 아이가 확실하게 낱말의 뜻을 익히고 여러 가지 형태로 쓰일 수 있음을 알 수 있도록 지도해 주세요.

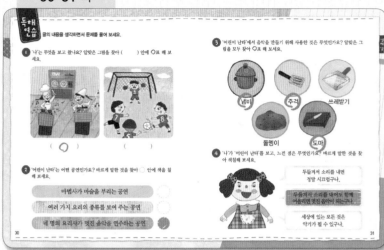

1. 무엇을 보고 쓴 글인지 알아보는 문제입니다. 글의 중심 글감이 되는 내용이므로 아이 스스로 답을 찾을 수 있도록 지도해 주세요. 더불어 감상문은 책 뿐만 아니라 공연이나 음악 등을 보고도 쓸 수 있음을 알려 주어 아이가 글의 종류를 이해할 수 있는 폭을 넓혀 주세요.

2. 글에서 말한 대상의 내용을 이해하는 문제입니다. 글에서 쉽게 답을 찾을 수 있는 문제이지만, 아이는 어느 부분에서 찾아야 하는지 어려워할 수도 있습니다. 글의 줄거리를 이해하는 면에서 도움이 되는 활동이므로 아이가 쉽게 답을 찾지 못할 경우 글을 다시 한 번 읽을 수 있도록 지도해 주세요.

3. 글의 세부 내용을 알아보는 문제입니다. 음식을 만들 때 사용하는 도구들이 악기가 되었다는 내용을 이해했는지 확인할 수 있습니다. 또한 공연 속에 등장한 도구들을 떠올리면서 글의 재미를 느낄 수 있습니다. 해당되는 부분을 아이와 함께 읽어 보면서 답을 찾을 수 있도록 지도해 주세요.

4. 글쓴이가 공연을 보고 나서 느낀 점을 알아보는 문제입니다. 이것은 이 글의 주제를 파악하는 문제이기도 합니다. 아이가 글의 전체 흐름을 잘 이해했는지도 확인할 수 있으므로 스스로 답을 찾을 수 있도록 지도해 주세요.

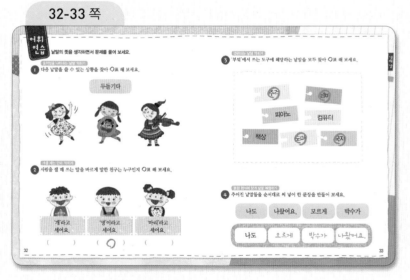

1. 동작을 나타내는 낱말을 알아보는 문제입니다. '두들기다'는 평소 아이가 쉽게 접하지 못했던 낱말일 수도 있습니다. 글의 내용을 이해한 아이라면 글의 문맥을 떠올리며 답을 찾을 수 있을 것입니다. 답을 찾기 어려워하는 경우, 해당 부분의 글을 다시 한 번 읽어 보게 해도 좋습니다.

2. 사람을 세는 단위를 알아보는 문제입니다. 사람을 세는 단위는 평소에도 많이 사용하는 낱말이므로 쉽게 답을 찾을 수 있을 것입니다. 아이가 답을 찾으면, 대상에 따라서 수를 세는 단위가 다르다는 것을 이해할 수 있도록 지도해 주세요.

3. 서로 연관되는 낱말을 찾아보는 문제입니다. 엄마가 요리를 하는 모습을 자주 관찰한 아이라면 쉽게 답을 찾을 수 있을 것입니다. 아이가 도구의 이름과 정확한 생김새를 연결 짓지 못할 경우 집에 있는 도구를 직접 보여 주면 어휘력 향상에 도움이 될 것입니다.

4. 순서가 바뀐 낱말들을 바르게 배열하여 문장을 만들어 보는 문제입니다. 익숙하지 않은 문장 형식일 경우, 쉽게 문장을 만들지 못할 수도 있습니다. 글을 여러 번 반복하여 읽으면서 자연스럽게 문장의 순서를 익힐 수 있도록 지도해 주세요.

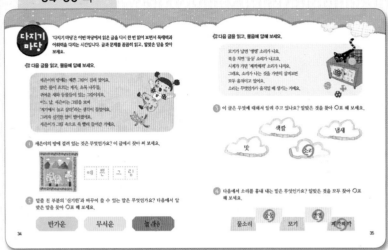

1. 글에서 알맞은 내용을 찾아 쓰는 문제입니다. 세은이 방에 걸려 있는 것은 예쁜 그림입니다. 아이가 글에서 문제와 관련된 부분을 정확하게 찾고, 주어진 글자 수에 맞게 쓸 수 있도록 지도해 주세요.

2. 바꾸어 쓸 수 있는 말을 찾아보는 문제입니다. '신기하다'는 놀랍고 이상하다는 뜻입니다. 따라서 '신기한 일은 '놀라운 일' 또는 '이상한 일'이라고 바꾸어 써도 뜻이 통합니다. 아이가 주어진 낱말로 각각 바꾸어 문장을 읽어 보고 자연스럽게 읽히는 것을 고를 수 있도록 지도해 주세요.

3. 중심 글감을 파악하는 문제입니다. 글을 읽을 때에는 먼저 중심 글감이 무엇인지 알아야 합니다. 글감이란 글의 내용이 되는 재료를 말합니다. 아이가 주어진 글의 재료를 정확하게 파악할 수 있도록 지도해 주세요.

4. 의성어와 의성어가 아닌 것을 구별하는 문제입니다. 의성어란 사람이나 사물의 소리를 그대로 흉내 낸 말입니다. 아이가 문제를 풀면서 소리를 흉내 낸 말이 어떤 것인지를 정확하게 이해할 수 있도록 지도해 주세요.

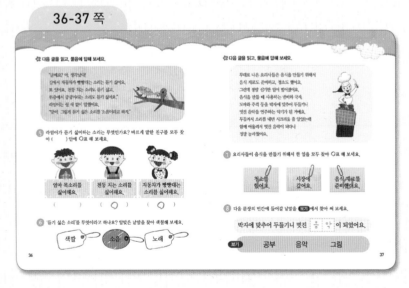

5. 글의 내용을 파악하는 문제입니다. 글을 읽고 글의 내용을 이해하는 것은 독해력의 기본이 됩니다. 내용을 이해하지 못했다면 글을 읽은 것보다 글자를 읽었다고 해석하시면 좋습니다. 독해력이 부족할 경우에는 글을 읽는 재미를 느낄 수 있도록 엄마가 글을 구연해 주시는 것도 도움이 됩니다.

6. 낱말의 뜻을 이해하는 문제입니다. 앞에서 소음에 해당되는 그림 찾기 활동이 있었지만, 글자만 보고 뜻을 찾는 활동은 아이에게 다른 문제로 해석될 수 있습니다. 앞에서 낱말에 대해 확실히 이해했다면 쉽게 찾을 수 있을 것입니다. 어려운 낱말은 무엇보다 반복 학습이 필요합니다. 평소에 소음이 되는 소리들을 찾아보면서 낱말을 확실히 이해할 수 있도록 지도해 주세요.

7. 글의 세부 내용을 알아보는 문제입니다. 글의 세부적인 내용은 글의 전체 흐름을 이해하는 데에 중요한 역할을 합니다. 아이가 글의 내용을 정확히 이해할 수 있도록 지도해 주세요.

8. 빈칸에 알맞은 낱말을 써넣어 문장을 완성하는 문제입니다. 문장의 흐름과 앞뒤 낱말들을 이해하고 있는지 확인해 볼 수 있습니다. 글 속에 나와 있는 문장이기 때문에 그대로 옮겨 쓸 수도 있지만, 가능하다면 〈보기〉의 낱말 중에서 문장에 알맞은 낱말을 찾아서 쓸 수 있도록 지도해 주세요.

38 쪽

소리를 찾아서
주사위를 던져서 말을 움직이는 놀이예요.

✿ 주사위를 던져서 나온 숫자만큼 앞으로 움직이세요. 숫자가 나온 곳에 '듣기 좋은 소리'가 있으면 앞으로 한 칸, '듣기 싫은 소리'가 있으면 뒤로 한 칸 움직이세요.

출발!

| 계곡물 소리 | 천둥소리 | 위층에서 뛰는 소리 |
| 새 소리 |
| 피아노 연주하는 소리 | 파도 소리 | 자장가 소리 |
| 싸우는 소리 |
| 고운 노랫소리 | 기계로 돌을 깨는 소리 | 코를 고는 소리 | 도착! |

● 이 놀이 마당은 주사위 놀이를 하면서 듣기 좋은 소리와 듣기 싫은 소리를 구별해 보는 활동입니다.

주사위 놀이는 어디에서나 손쉽게 할 수 있으면서 아이가 재미를 느낄 수 있는 놀이입니다.
더불어 수의 개념도 함께 학습할 수 있는 놀이입니다.
학습한 내용을 확인하면서 앞뒤로 말을 움직이면 상벌의 재미도 느낄 수 있습니다.
학습한 내용을 바르게 이해하였다면, 아이가 스스로 글을 이해하였다는 데에 만족감까지 느낄 수 있을 것입니다.
형제나 친구와 함께 놀이를 하면 사회성을 기를 수 있으므로, 놀이판을 따로 오려서 기회가 될 때마다 활용할 수 있도록 도와주세요.
또한 듣기 좋은 소리와 듣기 싫은 소리를 스스로 써서 놀이판을 만든 후 놀이를 하게 하면 성취감도 느끼고 학습 효과도 높일 수 있을 것입니다.

44-45 쪽

1. 인물이 한 말을 파악하는 문제입니다. 은결이는 공원에서 초롱이를 잃어버렸습니다. 이러한 상황에서 은결이가 할머니에게 여쭈어 볼 수 있는 말은 초롱이를 찾는 말입니다. 아이가 '여쭈다'라는 말을 모르면 '묻다'의 높임말임을 알려주세요.

2. 글의 내용을 파악하는 문제입니다. 글의 뒷부분에 엄마가 초롱이를 찾아오신 내용이 나옵니다. 아이와 이 부분의 내용을 되짚어 보세요. 그리고 초롱이를 찾았다는 줄거리 뿐만 아니라, 어디에서 찾았는지 세부적인 내용까지 아이가 파악할 수 있도록 지도해 주세요.

3. 글의 전체 내용을 파악하는 문제입니다. 이야기에서 어떤 일들이 일어났는지 먼저 아이와 이야기해 보세요. 그것을 바탕으로 주어진 네 가지 장면을 아이 스스로 차례대로 나열할 수 있도록 지도해 주세요.

4. 인물의 마음을 이해하는 문제입니다. 은결이는 초롱이가 없으니까 너무나 허전하다고 하였습니다. 이러한 마음에서 초롱이를 다시 만났으니 무척 반가웠을 것입니다. 아이가 정답을 찾지 못한다면 '네가 은결이라면 어땠을까?' 하고 물어보면서 인물의 마음을 이해할 수 있도록 지도해 주세요.

46-47 쪽

1. 주어진 낱말에 알맞은 그림을 찾는 문제입니다. '살짝'은 '심하지 않게 아주 약간'이라는 뜻입니다. 정답을 찾은 후, 손으로 옆에 있는 물건을 살짝 건드려 보면서 낱말의 뜻을 확실하게 익힐 수 있도록 지도해 주세요.

2. 알맞은 높임말을 익히는 문제입니다. '께'는 '에게'나 '한테'의 높임말입니다. 용언에는 '~시~'가 들어갑니다. 아이에게 웃어른께는 높임말을 써야 한다는 것을 알려 주세요. 그리고 아이와 함께 '저으셨습니다.' 외에 다른 용언도 높임말로 바꾸는 연습을 해 보세요.

3. 꾸며주는 말을 '주어+서술어' 문장 속의 서술어로 바꾸는 문제입니다. '귀여운→귀엽다'와 같이 형태가 달라지는 낱말은 아이가 바꾸어 쓰기 어려워할 것입니다. 그럴 때에는 아이에게 답을 알려 주고 기본형을 익히도록 지도해 주세요. 그리고 '주어+서술어'의 문장에서 명사 뒤에 붙은 주격 조사 '가', '께서'도 살펴봐 주세요.

4. 흉내 내는 말을 넣어 문장을 완성하는 문제입니다. '킁킁'은 냄새를 맡으려고 코로 숨을 크게 들이마시는 소리를, '살랑살랑'은 팔이나 꼬리 등을 가볍게 자꾸 흔드는 모양을 나타내는 낱말입니다. 먼저 그림의 내용을 아이와 함께 문장으로 표현해 보세요. 그리고 〈보기〉에 나와 있는 낱말을 넣어 여러 문장을 만들면서 낱말의 뜻과 쓰임을 확실하게 익히도록 지도해 주세요.

1. 글의 중심 글감을 파악하는 문제입니다. 주어진 글은 글쓴이가 집에서 방울토마토를 기르면서 보고 느낀 점을 쓴 관찰 일기입니다. 이러한 글은 대개 제목에도 중심 글감이 나타납니다. 비교적 쉽게 해결할 수 있는 문제이니 아이가 스스로 답을 찾을 수 있도록 지도해 주세요.

2. 글의 내용을 정확하게 이해하는 문제입니다. 글쓴이는 방울토마토 꽃의 색깔과 크기를 개나리와 엄지손가락에 빗대어 표현하였습니다. 아이가 꽃에 대한 구체적인 내용을 기억하지 못하면 두 번째 일기를 다시 읽게 해 주세요. 그리고 색깔과 크기를 정확하게 알 수 있도록 지도해 주세요.

3. 글의 전체 내용을 이해하는 문제입니다. 아이에게 방울토마토가 자라는 과정인 '모종-꽃핌.-열매 맺힘.-열매 익음.'을 차근차근 설명해 주어서 글의 전체 내용을 이해할 수 있도록 지도해 주세요.

4. 글의 중심 생각을 이해하는 문제입니다. 이 글처럼 어떤 것을 관찰하고 쓴 글에는 글쓴이가 본 것과 느낀 점이 드러납니다. 네 번째 일기에서 글쓴이가 방울토마토를 다 길러서 빨간 열매를 따 먹은 뒤 무엇을 느꼈는지 다시 한 번 살펴봐 주세요. 그리고 글쓴이가 본 것과 느낀 점을 아이가 구별할 수 있도록 지도해 주세요.

1. 식물의 부분을 나타내는 낱말을 익히는 문제입니다. 식물은 잎, 꽃, 열매로 이루어져 있음을 알려 주세요. 그리고 그림에는 나와 있지 않지만, 뿌리, 줄기 등도 식물의 부분을 나타내는 낱말이라는 것을 덧붙여 설명해 주세요.

2. 소리는 같지만 뜻이 다른 말을 익히는 문제입니다. '열리다'에는 '열매가 맺히다.'라는 뜻과, '막힌 데가 트이거나 잠긴 것이 풀리다.'라는 뜻이 있습니다. 낱말의 뜻을 정확히 익히기 위하여 '사과가 열렸다.' 또는, '창문이 열렸다.'와 같이 다른 문장도 함께 만들어 보세요.

3. '~처럼'이 들어가는 문장을 익히는 문제입니다. '처럼'은 명사 뒤에 붙는 조사로, '(무엇과) 같이, (무엇과) 비슷하게'라는 뜻을 나타냅니다. 그러므로 '처럼'의 뒤에는 '처럼' 앞에 오는 명사의 모양이나 성질 등을 나타내는 말이 옵니다. 주어진 표현 외에 '개나리처럼 귀엽다.', '콩알처럼 둥글다.'와 같은 문장을 만들면서 '처럼'의 쓰임을 익혀 보세요.

4. 알맞은 동사를 써넣어 문장을 완성하는 문제입니다. 각 그림의 내용을 잘 살펴보고, 〈보기〉에 있는 낱말을 각각 넣어 문장을 읽어 보게 하세요. 그리고 가장 자연스러운 문장을 찾도록 지도해 주세요.

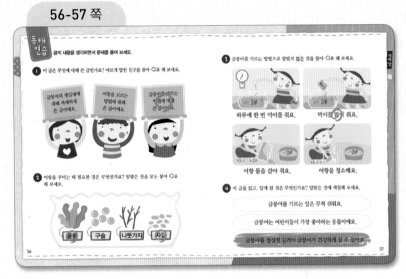

1. 글의 중심 글감을 파악하는 문제입니다. 주어진 글은 금붕어를 기르는 방법에 대해 설명한 글입니다. 아이가 '금붕어'라는 글감은 쉽게 파악했더라도 생김새에 대해 썼다고 잘못 이해할 수 있습니다. 이럴 경우 어항 꾸미는 방법, 먹이 주는 방법 등은 금붕어를 기르기 위해 알아야 하는 내용이라는 것을 설명해 주세요. 그리고 글의 첫 부분에서 설명할 내용을 알려 주고 있으니, 이 부분을 다시 한번 살펴봐 주세요.

2. 글의 내용을 파악하는 문제입니다. 글에서 금붕어가 살 어항 바닥에 자갈을 깔고 물풀을 넣어 준다고 하였습니다. 아이가 글에 나온 내용을 바탕으로 문제를 해결할 수 있도록 지도해 주세요.

3. 글의 전체 내용을 파악하는 문제입니다. 금붕어에게 먹이를 줄 때에는 적당한 양을 줘야 합니다. 이 부분의 내용을 글에서 아이와 함께 확인해 주세요. 그리고 금붕어 기르는 방법을 차근차근 정리하여 글의 전체 내용을 이해할 수 있도록 지도해 주세요.

4. 글의 중심 생각을 이해하는 문제입니다. 금붕어 기르는 방법을 잘못 알거나 잘 알지 못하면 금붕어가 제대로 살 수 없습니다. 이 글은 금붕어가 건강하게 살려면 어떻게 길러야 하는지 그 방법을 알려 주고 있습니다. 동식물을 기르는 방법을 알려 주는 글들은 동식물이 잘 자라게 하는 데 도움을 준다는 점을 아이가 이해할 수 있도록 지도해 주세요.

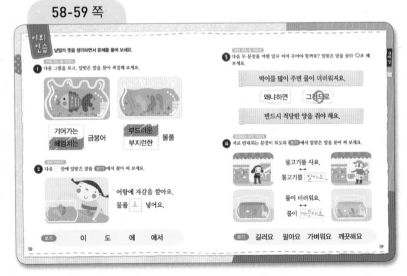

1. 알맞은 꾸며 주는 말을 익히는 문제입니다. 아이가 각 그림의 내용을 먼저 파악한 뒤 주어진 낱말 중에서 알맞은 것을 찾을 수 있도록 지도해 주세요. 금붕어와 물풀의 특징을 생각하면 좀 더 쉽게 문제를 해결할 수 있다는 것을 알려 주세요.

2. 조사 '도'를 익히는 문제입니다. '도'는 이미 어떤 것이 포함되고 그 위에 더함의 뜻을 나타내는 조사입니다. 어항에 자갈을 까는 것에 더해 물풀을 넣는 것이므로 '도'가 들어가야 합니다. '밥도 먹고 반찬도 먹어요.' 등 다른 문장도 만들어 보면서 '도'의 쓰임을 익힐 수 있도록 지도해 주세요.

3. 이어 주는 말을 익히는 문제입니다. '그러므로'는 앞의 문장이 뒤의 문장의 이유나 원인이 될 때 쓰입니다. '왜냐하면'은 이와 반대입니다. '왜냐하면'이 정답이 되려면, '반드시 적당한 양을 줘야 해요. 왜냐하면 먹이를 많이 주면 물이 더러워지기 때문이에요.'가 되어야 합니다. 아이가 '그러므로'와 '왜냐하면'을 헷갈리지 않도록 지도해 주세요.

4. 반대되는 표현을 익히는 문제입니다. 그림을 보고 알맞은 낱말을 찾을 수도 있지만, 먼저 문장에서 반대말을 찾도록 유도해 주세요. 그리고 '사다'와 '팔다', '더럽다'와 '깨끗하다' 등 반대말을 짝을 지어 확실하게 익히도록 지도해 주세요.

62-63 쪽

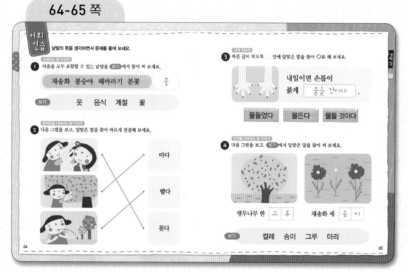

1. 글의 내용을 파악하는 문제입니다. 이 글은 꽃과 나무가 많은 외할머니 댁에서 즐거운 시간을 보낸 아이가 쓴 일기입니다. '외할머니 댁'이 집(건물)만을 뜻하는 것이 아님을 알려 주세요. 쉬운 문제이지만 아이는 답을 금방 찾지 못할 수 있으니 스스로 해결할 때까지 기다려 주세요.

2. 글의 내용을 파악하는 문제입니다. 글쓴이가 마당에서 언니와 놀고 있을 때 엄마가 나오셔서 마당에 핀 꽃들의 이름을 알려 주셨습니다. '채송화, 봉숭아, 해바라기, 분꽃, 맨드라미'가 엄마가 알려 주신 꽃 이름이라는 것을 설명해 주세요.

3. 글의 전체 내용을 파악하는 문제입니다. 글쓴이가 외할머니 댁 마당에서 무엇을 하며 즐겁게 보냈는지 차근차근 되짚어 보세요. 아이가 전부 기억하지 못하면 글을 처음부터 다시 한 번 읽고 전체 내용을 정리할 수 있도록 지도해 주세요.

4. 글의 중심 생각을 파악하는 문제입니다. 일기는 그날 있었던 일이나 느낌을 쓰는 글입니다. 주어진 글의 끝부분에 그날에 대한 전체적인 느낌과 생각이 나타나 있습니다. 일기를 읽을 때에는 글쓴이가 한 일과 생각과 느낌을 구분하여 읽어야 한다는 것을 알려 주세요.

64-65 쪽

1. 포함하는 말을 익히는 문제입니다. '채송화, 봉숭아, 해바라기, 분꽃'은 모두 꽃의 이름입니다. 즉, '꽃'에 속하는 낱말입니다. '봄, 여름, 가을, 겨울→계절', '떡국, 팥죽, 불고기→음식'과 같은 예를 들어 낱말들의 관계를 알 수 있도록 지도해 주세요.

2. 움직임을 나타내는 말을 익히는 문제입니다. '따다'는 '달리거나 붙어 있는 것을 떼다.', '뱉다'는 '입안에 든 것을 입 밖으로 내보내다', '꽂다'는 '핀이나 비녀 등을 빠지지 않게 끼우다.'라는 뜻을 가진 동사입니다. 아이가 각 그림의 내용을 파악하여 알맞은 낱말을 찾으면 각 낱말의 뜻을 다시 한 번 자세히 알려 주세요.

3. 시제를 익히는 문제입니다. 문장에서 '내일이면'을 보면 미래 시제로 글을 써야 한다는 것을 알 수 있습니다. 아이가 과거, 현재, 미래 중에 '내일'이 무엇에 속하는지 생각하게 하세요. 그리고 주어진 세 개의 낱말이 각각 과거, 현재, 미래를 나타내는 표현임을 익히어 문제를 해결할 수 있도록 지도해 주세요.

4. 단위를 나타내는 말을 익히는 문제입니다. 우리말은 대상에 따라 세는 단위가 달라진다는 것을 알려 주세요. 나무는 '그루', 꽃은 '송이', 양말이나 신발은 '켤레', 동물은 '마리'를 넣어 센다는 것을 확실하게 알려 주세요.

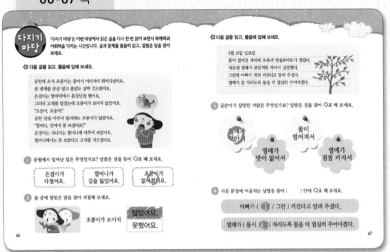

1. 무슨 일이 일어났는지 파악하는 문제입니다. 은결이는 강아지 초롱이와 공원에 왔습니다. 그런데 놀고 있는 사이에 초롱이가 없어졌습니다. 이야기를 읽을 때에는 일어난 사건을 파악하는 것이 중요합니다. 아이가 이러한 점에 유의하여 이야기를 읽을 수 있도록 지도해 주세요.

2. 부정 표현을 익히는 문제입니다. '~지 않다.'와 '~지 못하다.'는 아이들이 잘 헷갈리는 부정 표현입니다. '~지 않다.'는 어떤 일을 안 하다, 어떤 상태가 아니라는 뜻이고, '~지 못하다.'는 어떤 일을 할 수 없다, 어떻게 될 수가 없다는 뜻입니다. 초롱이가 보이는 상태가 아닌 것이므로 '보이지 않다.'라고 표현해야 합니다. 부정 표현이 들어간 문장을 반복적으로 만들면서 자연스럽게 바른 문장을 익힐 수 있도록 지도해 주세요.

3. 글의 내용을 파악하는 문제입니다. 글쓴이는 꽃이 떨어진 자리에 맺힌 방울토마토 열매가 작아서 실망했습니다. 글을 읽으면서 글의 내용을 정확하게 파악할 수 있도록 지도해 주세요.

4. 문장에 알맞은 부사를 익히는 문제입니다. '그만'은 '그 정도까지만', '점점'은 '조금씩 더', '몹시'는 '더할 수 없이 심하게', '잘'은 '좋고 훌륭하게'라는 뜻의 부사입니다. 각각의 부사를 넣어 문장을 읽어 보면서 문장에 어울리는 낱말을 아이 스스로 찾을 수 있도록 지도해 주세요.

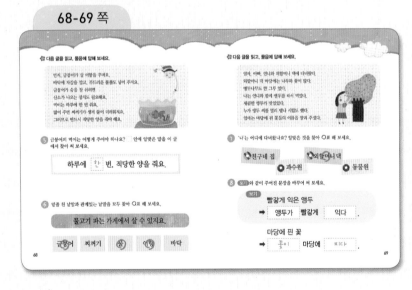

5. 글의 내용을 파악하는 문제입니다. 금붕어를 기르는 방법 중 먹이를 주는 내용을 살펴보면 문제를 해결할 수 있습니다. 먹이를 주는 횟수가 몇 번인지 쓸 수 있으려면 글을 꼼꼼하게 읽어야 합니다. 정보를 알려 주는 글을 읽을 때에는 특히 세부적인 내용까지 꼼꼼하게 읽어야 한다는 점을 알려 주세요.

6. 관계있는 낱말을 찾아보는 문제입니다. 주어진 낱말들 중 '물고기'와 관계있는 낱말은 '금붕어, 물, 어항'입니다. 나머지 낱말들도 글에 나오지만 물고기와 밀접한 관계가 있는 낱말은 아닙니다. 아이에게 '물고기란 낱말을 보면 떠오르는 낱말이 뭐지?'라고 유도하면서 문제를 해결할 수 있도록 지도해 주세요.

7. 인물이 간 곳을 파악하는 문제입니다. 앵두나무와 꽃들이 있는 곳이 어디인지 생각하면 쉽게 답을 찾을 수 있습니다. 글을 읽을 때에 인물의 행동이나 마음, 그리고 인물이 있는 장소가 어디인지를 살펴보며 읽도록 지도해 주세요.

8. 문장을 바꾸어 쓰는 문제입니다. 꾸밈을 받는 낱말을 주어로, 관형어로 쓰인 낱말을 서술어로 바꾸어 씁니다. 이때 주격 조사를 '이'와 '가' 중에 어느 것으로 쓸지 주의해야 합니다. 아이가 주격 조사를 바르게 붙이지 못하면 주격 조사 쓰는 방법에 대해 설명해 주세요. 그리고 관형어로 쓰인 낱말을 서술어로 바꿀 때 기본형으로 바르게 바꾸어 쓸 수 있도록 지도해 주세요.

70 쪽

강아지를 찾습니다!

알림 종이에 그려진 강아지와 똑같은 강아지를 찾는 놀이에요.

✿ 송이가 잃어버린 강아지를 찾으려고 동네에 알림 종이를 붙였어요. 동네 곳곳에 강아지들이 많이 있네요. 알림 종이에 그려진 강아지의 생김새를 잘 살펴보고, 송이의 강아지를 찾아보세요.

강아지를 찾습니다

소중한 내 친구 방울이를 찾습니다. 보신 분은 꼭 연락 주세요.

70

● 이 놀이 마당은 알림 종이에 그려진 강아지의 모습을 보고 똑같이 생긴 강아지를 찾는 활동입니다.

찾고자 하는 강아지의 얼굴, 옷, 꼬리 등을 잘 살펴보고 동네에 있는 다섯 마리 강아지 중 똑같이 생긴 강아지를 골라 ◯표 해 주면 됩니다.
이 활동은 관찰력을 길러 주는 활동으로 그리 어렵지 않게 강아지를 찾을 수 있을 것입니다. 이 활동을 하면서 아울러 애완 동물을 기를 때는 잃어 버리지 않도록 주의하고 가족과 같이 소중하게 생각해야 함을 알려 주세요.

76-77 쪽

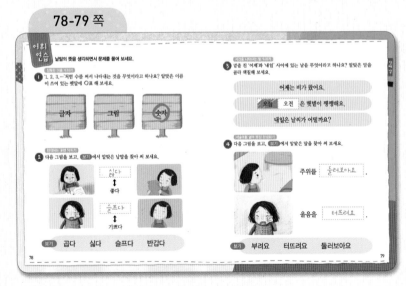

1. 사건이 일어난 까닭을 알아보는 문제입니다. 이 이야기의 중심 사건은 숫자들이 사라져 버린 것이고, 그러한 사건이 일어나게 된 까닭은 이야기의 처음 부분에 나타나 있습니다. 아이가 답을 찾지 못하면 처음 부분을 다시 한 번 꼼꼼히 읽도록 지도해 주세요.

2. 글의 내용을 정확하게 파악하는 문제입니다. 예지가 아침에 일어나서 본 것은 숫자가 없는 시계와 전화기, 달력, 리모컨 등이었어요. 아이가 이런 글의 내용을 잘 이해하고 알맞은 그림을 고를 수 있도록 지도해 주세요.

3. 인물이 겪은 일을 파악하는 문제입니다. 숫자가 사라진 사건으로 인해 예지가 어떤 어려움을 겪었는지 차근차근 생각해 볼 수 있도록 지도해 주세요.

4. 글의 중심 생각을 이해하는 문제입니다. 이 글은 숫자가 사라진 사건을 통해 숫자의 중요성을 알려 주는 이야기입니다. 아이가 이야기 속의 인물이 되어 생각해 볼 수 있도록 하고, 글의 의도를 정확하게 이해할 수 있도록 지도해 주세요.

78-79 쪽

1. 뜻에 알맞은 낱말을 찾아보는 문제입니다. '숫자'란 수를 나타내는 기호를 말합니다. 아이에게 정확한 낱말을 알려 주시고, 주변에서 숫자를 찾아보는 활동을 통해 낱말을 확실히 이해할 수 있도록 지도해 주세요.

2. 반대되는 표현을 찾아 쓰는 문제입니다. 싫다는 것은 무엇이 마음에 들지 않거나 하고 싶지 않다는 뜻이고, 좋다는 것은 마음에 들거나 즐겁다는 뜻입니다. 또, 슬프다는 것은 마음이 아파 울고 싶다는 뜻이고, 기쁘다는 것은 신이 나고 기분이 좋다는 뜻입니다. 아이가 자기 마음과 관련하여 이러한 표현들을 정확하게 이해할 수 있도록 지도해 주세요.

3. 시제에 대한 문제입니다. '오늘'은 지금 지나가고 있는 이 날이고, '어제'는 오늘의 전날, '내일'은 오늘의 다음 날입니다. 생활 속에서 흔히 쓰는 말이지만, 다시 한 번 정확히 지도해 주세요.

4. 알맞은 서술어를 찾아 쓰는 문제입니다. '둘러보다'는 이리저리 살펴보는 것이고, '터뜨리다'에는 기쁨이나 슬픔 등을 겉으로 쏟아 낸다는 뜻이 있습니다. 그리고 '부리다'에는 고집, 말썽, 짜증 같은 좋지 못한 짓을 자꾸 한다는 뜻이 있습니다. 아이가 그림과 문장을 통해 이러한 낱말의 뜻을 자연스럽게 이해할 수 있도록 지도해 주세요..

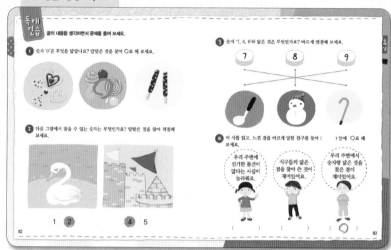

1. 글의 내용을 정확하게 이해하는 문제입니다. 숫자 '0'은 둥근 모양입니다. 주어진 시에서는 숫자 '0'이 사탕을 닮았다고 했습니다. 아이가 알맞은 답을 고르지 못하면 글의 처음 부분을 다시 한 번 꼼꼼히 읽도록 지도해 주세요.

2. 글의 내용을 이해하고 적용하는 문제입니다. 첫 번째 그림은 백조이고, 두 번째 그림은 깃발입니다. 주어진 시에서 숫자 '2'는 백조를 닮았고, 숫자 '4'는 깃발을 닮았다고 했습니다. 아이가 그림만 보고 답을 찾는 것이 아니라, 시의 내용을 떠올리며 문제를 풀 수 있도록 지도해 주세요.

3. 글의 내용을 완전히 이해하였는지 확인하는 문제입니다. 주어진 시에서 숫자 '7'은 지팡이, 숫자 '8'은 눈사람, 숫자 '9'는 국자를 닮았다고 했습니다. 아이가 물건의 모양만 보고 답을 찾지 않고, 시의 내용을 떠올리며 문제를 풀 수 있도록 지도해 주세요.

4. 글의 중심 생각을 이해하는 문제입니다. 주어진 글은 우리 주변에서 각각의 숫자와 닮은 것을 찾아 재미있게 연결해 놓은 동시입니다. 아이가 글의 의도를 정확하게 이해할 수 있도록 지도해 주세요.

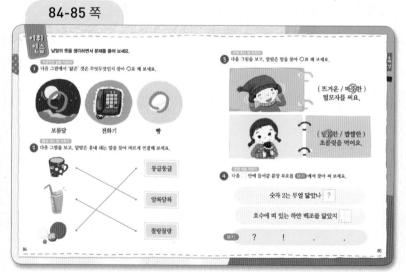

1. 추상적인 낱말의 뜻을 정확하게 이해하는 문제입니다. '닮다'는 생김새나 성질이 비슷하다는 뜻입니다. 주어진 그림에서는 보름달과 보름달 모양의 빵이 서로 닮은 모양입니다. 문제를 푼 뒤, 아이가 주변에서 닮은 것을 찾아볼 수 있도록 지도해 주세요.

2. 흉내 내는 말의 뜻을 정확하게 이해하는 문제입니다. '동글동글'은 동그란 모양을, '알록달록'은 여러 가지 색깔의 무늬들이 있는 모양을, '찰랑찰랑'은 물이 넘칠 듯이 흔들거리는 모양을 나타내는 말입니다. 아이가 그림을 보며, 이러한 낱말의 뜻을 잘 이해할 수 있도록 지도해 주세요.

3. 알맞은 관형어를 찾아보는 문제입니다. '뜨거운'과 '따뜻한'은 비슷한 듯하면서도 차이가 있습니다. '달콤한'과 '짭짤한'은 서로 다른 맛을 나타내는 말입니다. 아이가 이러한 낱말들의 차이를 잘 이해할 수 있도록 지도해 주세요.

4. 알맞은 문장 부호를 찾아 쓰는 문제입니다. 주어진 글은 묻고 답하는 내용입니다. 묻는 문장의 끝에는 물음표(?)를 쓰고, 답하는 문장의 끝에는 온점(.)을 씁니다. 아이가 알맞은 문장 부호를 찾아 정확한 위치에 쓸 수 있도록 지도해 주세요.

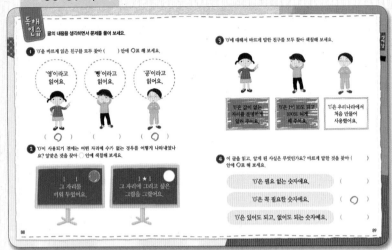

1. 글의 내용을 정확하게 이해했는지 확인하는 문제입니다. 이 글의 처음 부분에 숫자 '0'을 읽는 방법이 설명되어 있습니다. 아이가 알맞은 답을 고르지 못하면 글의 처음 부분을 다시 한 번 꼼꼼히 읽을 수 있도록 지도해 주세요.

2. 글의 내용을 이해하고 적용하는 문제입니다. '0'이 사용되기 전에는 어떤 자리에 수가 없는 경우 그냥 비워 두었다고 했습니다. 아이가 이 내용을 잘 이해하고, 알맞은 답을 고를 수 있도록 지도해 주세요.

3. 글의 전체 내용을 정확하게 파악하는 문제입니다. 아이가 알맞은 답을 두 가지 고른 뒤에는 틀린 답을 살펴보면서 그것이 왜 알맞지 않은지 이야기해 보도록 합니다. '0'은 아주 큰 수가 아니라 아무것도 없는 것을 뜻합니다. 그리고 '0'을 처음 만들어 사용한 나라는 우리나라가 아니라 인도입니다.

4. 글의 중심 생각을 이해하는 문제입니다. 이 글에는 '0'을 읽는 법, '0'의 여러 가지 역할, '0'을 처음 사용한 곳 등이 설명되어 있습니다. 특히 '0'이 아주 중요한 숫자임을 강조하고 있습니다. 아이가 글의 의도를 정확하게 이해할 수 있도록 지도해 주세요.

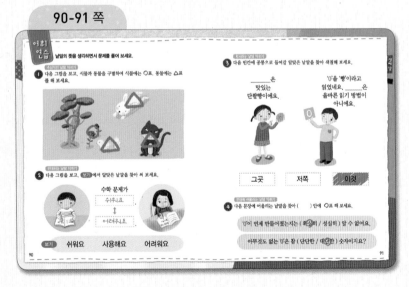

1. 추상적인 낱말의 뜻을 정확하게 이해하는 문제입니다. '구별'은 서로 다른 것을 알아내어 나누어 놓는다는 뜻입니다. 주어진 그림에서 꽃과 나무는 식물이고, 살아 움직이는 것은 동물입니다. 문제를 풀면서 아이가 구별한다는 것이 무슨 뜻인지 자연스럽게 이해할 수 있도록 지도해 주세요.

2. 반대되는 표현을 찾아 쓰는 문제입니다. 쉽다는 것은 어렵거나 힘들지 않다는 뜻이고, 어렵다에는 어떤 것을 알거나 풀기가 쉽지 않다는 뜻이 있습니다. 아이가 두 낱말의 뜻 차이를 정확하게 이해할 수 있도록 지도해 주세요.

3. 알맞은 대명사를 찾아보는 문제입니다. '이것'은 말하는 사람과 가까이 있는 것을 가리키거나 앞에서 말한 것을 가리킬 때 쓰는 표현입니다. 주어진 그림과 예시 문장을 통해 아이가 '이것'의 뜻을 확실히 이해할 수 있도록 지도해 주세요.

4. 문장에 어울리는 낱말을 찾아보는 문제입니다. 첫 번째 문장에서는 '알'을 꾸며 주는 부사어를, 두 번째 문장에서는 '숫자'를 꾸며 주는 관형어를 찾습니다. 아이가 각각의 낱말을 넣어서 문장을 읽어 보고, 자연스럽게 읽히는 것을 고를 수 있도록 지도해 주세요.

94-95 쪽

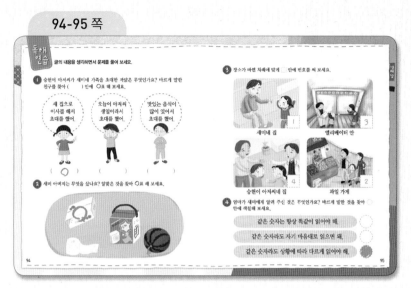

1. 글의 내용을 정확하게 이해하는 문제입니다. 이 글은 새미네 가족이 토요일에 집들이를 가게 된 내용을 쓴 생활문입니다. '집들이'란 이사한 집에 다른 사람을 초대하여 집을 구경시키고 음식을 대접하는 일을 말합니다. 아이가 이런 이야기 속의 상황을 정확하게 이해할 수 있도록 지도해 주세요.

2. 글의 내용을 정확하게 파악하는 문제입니다. 새미네 가족은 집들이 선물을 사기 위해 과일 가게에 들러 귤 한 상자를 샀습니다. 아이가 알맞은 답을 고르지 못하면 관련 있는 부분을 다시 한 번 꼼꼼히 읽어 보도록 지도해 주세요.

3. 글의 공간적 배경을 파악하는 문제입니다. 이 글은 새미네 가족이 집을 출발하여 승헌이 아저씨 집에 도착하기까지의 과정이 순서대로 나타나 있습니다. 아이가 글의 내용을 잘 떠올리며 문제를 풀 수 있도록 지도해 주세요.

4. 주제와 관련하여 중요한 내용을 짚어 보는 문제입니다. 이 글 속에는 여러 가지 수 읽기 방법이 자연스럽게 들어 있습니다. 그리고 엄마의 말 속에 수 읽기와 관련된 중요한 정보가 들어 있습니다. 아이가 이런 글의 의도를 정확하게 이해할 수 있도록 지도해 주세요.

96-97 쪽

1. 수를 정확하게 읽는 문제입니다. 10은 '십' 또는 '열'이라고 읽는데, 뒤에 붙는 말이나 단위에 따라 읽는 방법이 다릅니다. 명확한 법칙이 있는 것은 아니므로, 아이가 우리 생활 속에서 자연스럽게 쓰고 있는 말을 바탕으로 정답을 찾아낼 수 있도록 지도해 주세요.

2. 차례를 나타내는 말을 익히는 문제입니다. 차례를 나타내는 말을 '서수'라고 하는데, 아이들은 숫자의 이름과 서수를 헷갈리는 경우가 많습니다. 아이가 앞에서부터 차례대로 동물을 짚어 가면서 서수를 정확히 읽을 수 있도록 지도해 주세요.

3. 알맞은 관형어를 찾아보는 문제입니다. 먼저 그림을 보고, 알맞은 말을 찾아보게 합니다. 아이가 한 번에 답을 찾지 못하면 각각의 낱말을 넣어서 문장을 읽었을 때, 자연스럽게 읽히는 문장을 찾을 수 있도록 지도해 주세요.

4. 알맞은 높임말을 찾아 쓰는 문제입니다. '댁'은 '집'이나 '집 안'을 높여 이르는 말이고, '여쭈다'는 웃어른께 무엇을 묻거나 인사나 말씀을 올린다는 뜻을 가진 말입니다. 아이가 〈보기〉의 말 중 예사말과 높임말을 구별할 수 있도록 지도해 주세요.

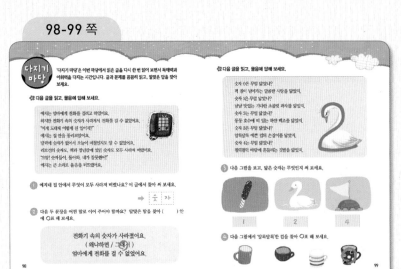

1. 글의 중심 사건을 파악하는 문제입니다. 이 이야기의 중심 사건은 집 안에 있는 숫자가 사라져 버린 것입니다. 아이가 글의 내용을 정확하게 파악하고, 알맞은 답을 찾아 쓸 수 있도록 지도해 주세요.

2. 알맞은 이어 주는 말을 찾아보는 문제입니다. '왜냐하면'은 결과와 원인을 이어 주는 말이고, '그래서'는 원인과 결과를 이어 주는 말입니다. '왜냐하면'은 보통 '때문이다'라는 말과 함께 쓰입니다. 아이가 이어 주는 말을 넣어 두 문장을 읽어 보고, 자연스럽게 읽히는 것을 고를 수 있도록 지도해 주세요.

3. 글의 내용을 이해하고 적용하는 문제입니다. 주어진 글에는 숫자와 그것을 닮은 사물이 나타나 있습니다. 아이가 그림만 보고 답을 쓰는 것이 아니라, 먼저 그림이 글 속의 어떤 사물에 해당하는지 찾고 답을 쓸 수 있도록 지도해 주세요.

4. 낱말의 뜻을 이해하는 문제입니다. '알록달록'은 글이나 문제에 자주 나오는 표현이므로 정확한 뜻을 알아 두는 것이 좋습니다. 다시 한 번 문제를 풀어 보면서 뜻을 확실히 기억할 수 있도록 지도해 주세요.

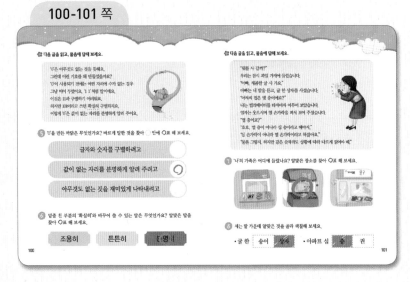

5. 글의 내용을 정확하게 파악하는 문제입니다. 언뜻 생각하면 아무것도 없는 것을 왜 기호로 나타내야 하는지 이해가 가지 않을 수도 있지만 글에 나타난 숫자의 예를 보면, '0'을 만든 까닭을 확실히 알 수 있습니다. 글에 나타난 구체적인 예와 함께 '0'의 필요성을 확실히 기억할 수 있도록 지도해 주세요.

6. 비슷한 말을 찾아보는 문제입니다. '확실하다'는 실제 사실과 꼭 같거나 틀림없고 분명하다는 뜻입니다. 아이가 답을 쉽게 고르지 못하면 각각의 낱말을 바꾸어 넣어 문장을 읽어 보고, 자연스럽게 읽히는 것을 고를 수 있도록 지도해 주세요.

7. 공간적 배경과 관련 있는 문제입니다. 공간적 배경이란 이야기가 펼쳐지는 장소를 말합니다. 아이가 주어진 글 속에서 장소를 나타내는 말을 찾을 수 있도록 지도해 주세요.

8. 알맞은 세는 말을 찾아보는 문제입니다. '송이'는 꽃이나 열매가 따로따로 꼭지에 달린 한 덩이를 세는 말이고, '상자'는 어떤 것을 상자에 담아서 세는 말입니다. '층'은 위로 높이 지은 건물에서 높이가 같은 곳을 아래에서 위로 차례를 매겨 세는 말이고, '권'은 책이나 공책을 세는 말입니다. 아이가 세는 말을 잘 구별할 수 있도록 지도해 주세요.

102 쪽

놀이 마당

꼬마 도깨비 오 형제
그림을 그려서 도깨비들의 모습을 완성하는 놀이예요.

🎴 장난꾸러기 꼬마 도깨비들이 도깨비방망이를 휘둘러 서로의 모습을 엉망으로 만들었어요. 설명대로 그림을 그려서 도깨비들의 모습을 완성해 보세요.

· 첫째 도깨비 :
커다란 눈이 하나예요.

· 둘째 도깨비 :
입이 두 개예요.

· 셋째 도깨비 :
코가 세 개예요.

· 넷째 도깨비 :
발이 네 개예요.

· 다섯째 도깨비 :
뾰족한 뿔이
다섯 개예요.

102

● 이 놀이 마당은 설명에 따라 그림을 그리면서 자연스럽게 수 읽기를 익히는 활동입니다.
우리가 쓰는 숫자는 0부터 9까지의 아라비아 숫자입니다.

그런데 수를 읽는 방법은 여러 가지입니다.
일, 이, 삼, 사, 오, 육, 칠, 팔, 구, 십……
하나, 둘, 셋, 넷, 다섯, 여섯, 일곱, 여덟, 아홉, 열……
첫째, 둘째, 셋째, 넷째, 다섯째, 여섯째, 일곱째, 여덟째, 아홉째, 열째……
그리고 수 뒤에 붙는 단위에 따라서도 읽는 방법이 달라집니다.
아이들은 이러한 수 읽기에 혼란을 느끼므로 생활 속에서 반복하여 익혀 주는 것이 좋습니다.
이 활동을 하면서도 도깨비들의 순서를 말해 보게 하여 수를 읽을 수 있도록 지도해 주세요.